大运河历史文化丛书

丛书主编 戴建兵

大运河河北段养老服务
与医疗卫生服务研究

刘晓静 编著

DAYUNHE HEBEIDUAN
YANGLAO FUWU YU
YILIAO WEISHENG
FUWU YANJIU

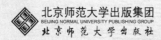

北京师范大学出版集团
BEIJING NORMAL UNIVERSITY PUBLISHING GROUP
北京师范大学出版社

序　言

大运河是人类智慧的结晶，曾经是中国政治、经济、军事的命脉和枢纽，更是人类文化的遗产，如今她是中华民族的历史基因。

大运河是世界上开凿时间较早、使用人力最多、规模最大、线路最长最复杂、使用延续时间最久的人工运河，是祖先留给后人的珍贵物质和精神财富。大运河的价值得到世界人民普遍认可，2014 年成功入选世界文化遗产名录。

大运河河北段始凿于东汉末年，上接京津，下接鲁豫，由北运河、南运河、卫运河、卫河及永济渠遗址五部分组成，总长 530 余千米。经过历代疏浚、整治，大运河河北段至今整体保存完好，水利水运遗址类型齐全，前人因形定向，人工弯道密集，徜徉于此，柳河相伴，景观风貌样态真实。大运河流经的廊坊、沧州、衡水、邢台、邯郸等地市，融合了多元文化，独具北方特色。

大运河是沟通河北省水系的重要通道，历史上在南粮北运、商旅交通、军资调配、铸钱原料北上、士子赶考中发挥了重要作用，如今在防洪排涝、输水供水、生态景观、农业灌溉等方面仍发挥着重要作用。

按照习近平总书记重要批示指示精神，打造大运河文化带，深入挖掘大运河丰富的历史文化资源，保护好、传承好、利用好大运河这一祖先留给我们的宝贵遗产，是新时代党中央、国务院的一项重大决策部署。2019 年 2 月 1 日，中共中央办公厅、国务院办公厅印发了《大运河文化保护传承利用规划纲要》，进一步明确了大运河文化的基本定位和重要价值。大运河文化带建设旨在坚持中国文化立场，"打造宣传中国形象、展示中华文明、彰显文化自信的亮丽名片"。《大运河文化保护传承利用规划纲要》规划了运河文化保护、传承、利用的顶层设计方案和制度安排，形成了以大运河文化保护为基础，社会、环境协调可持续发展的基本框架。《大运河文化保护传承利用规划纲要》要求相关行业主管部门加快制订文化遗产保护传承、河道水系治理管护、生态保护修复、文化和旅游融合发展四个专项规划，确定了时间目标，2018 年为现状基准年，2025（或 2035）年为近期水平年，2050 年为远期展望年。《大运河文化保护传承利用规划纲要》是中国第一个以文化为引领的区域规划，探索建立以文化建设为立足点，以文化带动区域经济社会发展的新模式。

2019 年 7 月 24 日，习近平总书记主持召开中央全面深化改革委员会会议，通过了《长城、大运河、长征国家文化公园建设方案》，由中共中央办公厅、国务院办公厅 12 月印发。预计在 2023 年年底建成三大国家文化公园，大运河国家文化公园作为其中之一，将实现可见、可触、可感的"物质文化"在时间与空间延展性上的呈现与展示。与此同时，大运河沿线 8 省（市）也在《大运河文化保护传承利用规划纲要》和《长城、大运河、长征国家文化公园建设方案》的指导下，进行了制度化建设。

大运河是中国文化自信的重要物质活化载体。河北省的《大运河文化保护传承利用规划纲要》，明确了河北省大运河文化带建设的方向、目标和任务，明确了大运河河北段应当在保护与传承、文化与旅游融合建设、文化产业建设和相关城镇发展等层面着力。

1. 加强大运河河北段文化遗产保护与传承

2018—2019 年，对大运河的破坏性与过度功能性开发渐被抑制。2018 年在世界遗产委员会第 42 届会议上，大运河被推选为世界遗产保护管理状况三个优秀案例之一。

大运河河北段河道遗址完整，河道、减河、分洪设施、险工、水闸、桥涵、码头及沉船点遗址、遗产丰富，重要价值运河本体遗存 30 处，世界文化遗产 1 项 3 处，全国重点文物保护单位 9 处。中国水利工程的精华在此多有呈现。南运河沧州—衡水—德州段、连镇谢家坝、华家口夯土险工"两点一段"为世界文化遗产。北运河河北段、南运河河北段、华家口夯土险工、郑口挑水坝、朱唐口险工、红庙村金门闸、连镇谢家坝、油坊码头遗址及险工、捷地分洪设施等 9 处为全国重点文物保护单位。卫运河等 3 段河道和东光码头沉船遗址等 21 处列入大运河本体历史文化遗存。

在技术层面，大运河河北段夯土加固和弯道代闸凝聚了中国古代水利科技的最高成就，东光县连镇谢家坝和景县华家口夯土险工是"糯米砂浆"古法筑造运河大坝技术的典型代表；南运河在平面布局上设计了众多弯道，具有"三弯抵一闸"的功能；一系列减河和水闸，用于泄洪排洪，成为大运河独特的水利工程。

2. 强化大运河河北段大运河文化与旅游融合建设

大运河沿线文化遗产资源丰富，从全国范围来看，区域发展水平较高，运河功能持续发挥将推动河北段相关城镇发展。大运河沿线水工遗存、运河古道、古城古镇等物质文化遗产有 1200 余项，国家非物质文化遗产代表性项目有 400 余项。其中国家级历史文化名城 54 座，5A 级景区 93 个，4A 级景区 1200 多个，是文化和旅游资源高密度地区。仅 2018 年大运河沿线 8 省（市）旅游总收入超过 5 万亿元。江苏省政府于 2019 年 1 月 4 日设立"大运河文化旅游发展基金"，基金首期规模 200 亿元，投入重点领域，扶持优质项目的旅游开发。

大运河河北段景观自然古朴，人为破坏较少，堤防体系完整，仍有漕运河道的规模与形态，特别是沧州至衡水段河道，东光连镇谢家坝到四女寺枢纽全长 94 千米的河道内有 88 个弯，"河、滩、堤、林、田、草"交织，是"美丽运河"的最好显现。借助上下游的旅游开发，突出自己的特色，挖掘好地方文化特色。

3. 全力开展大运河河北段文化产业建设

2021 年 5 月，习近平总书记在给《文史哲》编辑部全体编辑人员的回信中说："增强做中国人的骨气和底气，让世界更好认识中国、了解中国，需要深入理解中华文明，从历史和现实、理论和实践相结合的角度深入阐释如何更好坚持中国道路、弘扬中国精神、凝聚中国力量。""在新的时代条件下推动中华优秀传统文化创造性转化、创新性发展。"为大运河河北段文化价值开发指明了方向。仅 2018 年，大运河沿线 8 省（市）文化产业年增加值占 8 省

（市）GDP 的比重均达到 5％以上。

国家层面，重视建设国家大运河文化产业创新实验区。至 2019 年 9 月底，实验区文化企业注册数达到 3.48 万家；2019 年 1—9 月，文化产业单位收入占北京市文化产业收入的比重达到 9.4％。地方政府层面，大力发展大运河文化产业和旅游产业。2019 年 4 月 16 日，大运河文化产业和旅游产业投资联盟在江苏省南京市成立，世界运河历史文化城市合作组织（WCCO）、中国旅游研究院、金陵饭店集团、龙城旅游控股集团等 30 多家成员单位发出《大运河文化产业和旅游产业投资联盟倡议书》。2019 年，浙江省杭州市拱墅区有 44 个大运河文化带项目开工建设、续建推进或竣工投用，其中重点推进"十大项目一址两园两街三馆两中心"。

大运河河北段文化价值分为三个层面：一是世界级文化遗产；二是中华民族的文化符号和精神家园；三是各种地域文化融合的平台。大运河河北段历史文化遗存资源丰富，文化底蕴深厚，具有较高的历史、艺术和科学价值，包括古城、古镇、码头、茶庄、会馆、庙祠、窑址、碑刻等各类历史文化遗存。其中，全国重点文保单位 5 处，省级文保单位 6 处，其他遗存 14 处。沿线国家级非物质文化遗产 27 项、省级 113 项。源起或流传于沧州的拳械门派多达 53 种，占全国武术门派拳种的 40％。吴桥杂技艺人沿大运河走出家乡，北上南下，远涉重洋闯世界，享誉国际。因大运河而生的科学技术、沿河物产、名人轶事、历史故事、文学作品、民风民俗等文化遗产，积淀了开放包容、重德尚义的深厚文化底蕴，形成了独具河北特色的大运河文化。

4. 运河文化引导沿岸城镇发展

大运河沿线有特色的城市以地域文化创新为方向，集中创意、科技、资本等要素已形成了诸多模式。如杭州模式：在保护和利用大运河沿岸历史建筑、各种产业遗存、文化街区的基础上，进行文化创意、工艺设计、休闲旅游、高新技术等产业的集聚与融合，提升产品供给，形成文化展示交易平台，培育市场，打造文化旅游体闲目的地。扬州模式：在文化、旅游合作以及创意产业融合中强化运河文化主题，深度挖掘文化产业经济模式，开展产权共享、影视演艺、创意设计等多层次合作，构建"大文化、大旅游、大产业"业态和多样化文化旅游区。无锡模式：以旅游产业开发为龙头，进一步优化历史文化街区改造、运河旅游产品创制、文化博览园开发。

大运河河北段区位优势明显，发展潜力巨大。大运河河北段沿线区域向北通过北京与东北亚丝绸之路连接，东过天津、沧州黄骅与海上丝绸之路连接，西过大清河与雄安新区一体，是对接"一带一路"的端口，是京津冀协同发展的重要纽带。沿线区域交通便捷，自然资源丰富，传统产业基础良好，发展潜力巨大。特别是邯郸、邢台的永济渠，独占隋唐和明清运河两大文化资源。深入挖掘历史文化，认真领会国家战略，前景可期。

大运河河北段一切发展的前题是对运河历史文化的挖掘、学习和创新！

戴建兵

前　言

　　按照大运河文化带从北到南的顺序，调研的地区依次是香河县、青县、沧州市运河区、沧县、泊头市、清河县、大名县。

　　京杭大运河是世界物质文化遗产，对沿线地区产生着重要的影响。京杭大运河对于河北乃至北方地区的影响都是巨大的，其影响主要体现在以下几个方面：首先，它是重要的历史文化遗迹，能够带动沿线地区观光旅游业的发展；其次，它是南水北调工程中东线工程的主要载体，缓解了沿线地区的工农业用水紧张，促进了工农业发展；再次，它对沿线居民生活水平的提高有一定积极影响，也美化了环境；最后，历史上京杭大运河促进了物资流通。

　　公共服务是21世纪公共行政和政府改革的核心理念，包括加强城乡公共设施建设，发展教育、科技、文化、卫生、体育等公共事业，旨在为社会公众参与社会经济、政治、文化活动等提供保障。加强城乡公共设施建设，强调政府的服务性，强调公民的权利。公共服务可以根据其内容和形式分为基础公共服务、经济公共服务、公共安全服务、社会公共服务。

　　从2017年6月开始，为了调研大运河河北段养老服务与医疗卫生服务现状，笔者做了该调研项目的研究设计，主要包括调研背景、调研目的、调研对象、调研内容和相关建议，具体如下。

一、调研背景

（一）中国大运河被列为世界遗产名录

2014 年 6 月，中国大运河在第 38 届世界遗产大会上获准列入世界遗产名录，成为中国第 46 个世界遗产项目。其遗产分布在中国 6 个省、2 个直辖市。大运河河道遗产 27 段，运河水工遗存、运河附属遗存、运河相关遗产共计 58 处。

（二）"十三五"期间要实现基本公共服务的均等化

到 2020 年，基本公共服务体系更加完善，体制机制更加健全，在学有所教、劳有所得、病有所医、老有所养、住有所居等方面持续取得新进展，基本公共服务均等化总体实现。"十三五"期间，设立了"十三五"期间基本公共服务领域主要发展指标，如表 0-1。

表 0-1　"十三五"时期基本公共服务领域主要发展指标

指标	2015 年	2020 年	累计
基本公共教育			
九年义务教育巩固率/%	93	95	—
义务教育基本均衡县（市、区）的比例/%	44.48	95	—
基本劳动就业创业			
城镇新增就业人数/万人	—	—	>5000
农民工职业技能培训/万人次	—	—	4000
基本社会保险			
基本养老保险参保率/%	82	90	—
基本医疗保险参保率/%	—	>95	—
基本医疗卫生			
孕产妇死亡率/1/10 万	20.1	18	—
婴儿死亡率/‰	8.1	7.5	—
5 岁以下儿童死亡率/‰	10.7	9.5	—

指标	2015 年	2020 年	累计
基本社会服务			
养老床位中护理型床位比例/%	—	30	—
生活不能自理特困人员集中供养率/%	31.8	50	—
基本住房保障			
城镇棚户区住房改造/万套	—	—	2000
建档立卡贫困户、低保户、农村分散供养特困人员、贫困残疾人家庭等 4 类重点对象农村危房改造/万户	—	—	585
基本公共文化体育			
公共图书馆年流通人次/亿	5.89	8	—
文化馆（站）年服务人次/亿	5.07	8	—
广播、电视人口综合覆盖率/%	>98	>99	—
国民综合阅读率/%	79.6	81.6	—
经常参加体育锻炼人数/亿人	3.64	4.35	—
残疾人基本公共服务			
困难残疾人生活补贴和重度残疾人护理补贴覆盖率/%	—	>95	—
残疾人基本康复服务覆盖率/%	—	80	—

资料来源：《"十三五"推进基本公共服务均等化规划》。

（三）大运河沿线人民的服务诉求

随着人口老龄化的发展，人们对养老服务与医疗卫生服务的需求在不断提升。大运河文化带随着社会经济的发展，要满足人民日益增长的养老服务与医疗卫生服务的需求。

二、调研目的

第一，深入了解大运河河北段 5 县 1 市 1 区公共服务的发展现状，集中在养老服务、医疗卫生服务两大领域。

第二，进一步探讨养老服务与医疗卫生服务发展中存在的问题，并思考产生这些问题的原因。

第三，深入调研目前养老服务与医疗卫生服务问题对大运河河北段某些方面的影响。

第四，实地调研养老服务与医疗卫生服务的相关部门，系统分析各地在养老服务与医疗卫生服务方面的实践及特色。

第五，系统描述大运河河北段5县1市1区养老服务与医疗卫生服务的整体情况。

第六，探讨大运河河北段养老服务与医疗卫生服务进一步发展的思路以及前景展望。

三、调研对象

此次调研的对象主要有4类。

一是大运河河北段5县1市1区主管养老服务与医疗卫生服务的领导，因其分管这方面工作，比较了解养老服务与医疗卫生服务的总体情况，因而对其进行深入访谈，拿到一些资料。

二是民政事业服务中心、教育局、卫计局、疾病预防控制中心、民政局、人力资源和社会保障局、妇女联合会、残疾人联合会等的工作人员。

三是社区工作人员。以养老服务为例，对养老服务的调查离不开对社区居家养老服务中心的管理者的调研。

四是群众。除了对行政部门负责养老服务的相关人员进行深入访谈，还要采取拦截式访问形式对大运河河北段5县1市1区的群众进行调研，以期获得对养老服务与医疗卫生服务的供需平衡现状以及群众对服务满意度的了解。

四、调研内容

2017年6月的研究设计在2017年7月和2018年1月的调研过程中得到了贯彻和落实，基本实现了调研设计的目标。在实地调研前，笔者对调研人员进行了集中培训。通过集体分工负责的方式，获得了与养老服务、医疗卫生服务相关的调研资料。在对各地进行调研的基础上，我们充分整理资料，对数据与资料进行分析，撰写了大运河河北段养老服务与医疗卫生服务发展的各章内容。

养老服务与医疗卫生服务调研的关键内容如下。

（一）养老服务

养老服务主要从社区居家养老与机构养老两个方面来考察，为此需要考察社区居家养老服务中心和公办、民办的养老机构。

（二）医疗卫生服务

主要考察基本公共卫生服务与医疗服务现状，了解其发展状况，找出其存在的问题。

1. 基本公共卫生免费服务项目的考察

涉及建立居民健康档案、健康教育、预防接种、传染病防治、儿童保健、孕产妇保健、老年人保健、慢性病管理、重性精神疾病管理等。

2. 医疗服务

医疗服务方面涉及对一些重要指标的考察，主要依据各地卫生年鉴上的一些重要指标进行考察，这里考察的指标主要是孕产妇死亡率（1/10 万）、婴儿死亡率（‰）、5 岁以下儿童死亡率（‰）。

各地的发展情况有所不同，考察时从供方与需方两个角度进行。从供方来讲，主要考察的指标有政府投入费用、资源配置、医保政策、医疗服务能力、医疗服务质量、医疗服务效率等；就需方而言，主要考察的指标有人群结构、人员发病特点、慢性病发病率、人均寿命、医疗服务的可及性、医疗服务的满意度、医疗服务的公平性等。

由于医疗服务比较复杂，涉及很多专业的医学知识，随着调研与访谈的深入，内容会逐渐调整。调整的主要依据是当地卫生年鉴与"十三五"时期基本公共卫生服务考察的指标。

书稿经过了反复修改。修改的过程也是认识不断深化的过程，使我们深化了对大运河河北段养老服务与医疗卫生服务的认识。

五、相关建议

通过本次实地调研，我们了解了大运河河北段养老服务与医疗卫生服务的现状与面临的问题，并分别提出了发展养老服务与医疗卫生服务的建议。

为了更好地促进京津冀养老服务协同发展，提出了大运河河北段养老服务发展的五条建议：一是树立大的养老产业观念，整合土地、人才、资金等各种资源，建立大养老产业观念，推动养老服务产业融合；二是建立老年人需求导向大数据库，进行老年人需求调研，根据老年人需求提供养老服务供给；三是重点完善社区居家养老服务，落实社区居家养老优惠政策，研究制定社区居家养老发展规划；四是实现医养结合模式，协同京津冀发展战略，突破医养发展瓶颈；五是推动政府购买养老服务并加强绩效考核，开展政府购买居家养老服务，构筑养老服务绩效考核系统。

大运河河北段积极贯彻国家医疗卫生服务政策，各部门积极谋划医疗卫生服务的发展，当地政府重视医疗卫生事业发展；加强疾病预防宣传，提高居民保健意识；重视妇幼保健，创新妇幼工作思路；发展基层医疗卫生机构，探索乡镇卫生院标准化管理办法。大运河河北段医疗卫生服务发展也存在着医疗资源短缺且配置不合理、基层医疗服务人才短缺、县医院发展困境影响其医疗服务质量的提高、医疗保险管理部门管理技术有待提高等方面的问题。为此，本书提出了大运河河北段医疗卫生服务发展的四条建议：一是加大地方财政对基层医疗卫生事业的投入力度，合理布局医疗卫生资源；二是培训基层医疗卫生服务工作者与吸引人才相结合，解决编制和工资以及其他待遇问题；三是各级政府加大直接补贴县医院的力度，县医院院长实行聘任制，推进公立医院改革，传承中医文化精髓；四是加强医保管理信息化建设，提高医疗保障管理部门效率，打造京津冀地区医疗保险一体化管理模式，助推京津冀协同发展。

本书是在河北师范大学党委书记戴建兵的指导下，在时任河北师范大学团委书记马建国、河北师范大学法政与公共管理学院党委书记赵小兰以及副书记杨峰的支持下，由刘晓静、刘艳丽于2017年7月组织河北师范大学法政与公共管理学院的本科生，于2018年1月组织研究生，通过实地调研后撰写的，充分占用了第一手资料。

调研一年多，总计有25名同学参加了此项目。各调研小组成员具体情况如下：香河县调研小组成员包括席俊杰、梁文杰、张杏彬、王美琪；青县调研小组成员包括范静洁、贾妮、王田田、石建婷；沧州市运河区调研小组成员包括夏艳、赵会霞、毛昊强、刘港丽；沧县调研小组成员包括丁小庆、王美琪、曾春莲、张东豪；泊头市调研小组成员包括沈旭琳、梁红杰、王美琪、唐德丽、樊苗苗；清河县调研小组成员包括张琳琳、刘慧、张贺鹤、杜婷婷；大名县调研小组成员包括刘亚、苏航、唐德丽。

在书稿即将出版之际，我想感谢席俊杰、范静洁、夏艳、曾春莲、沈旭琳、张琳琳、刘亚这 7 名同学，他们在调研结束后到书稿出版之前与我一起多次核查调研数据、修改书稿；感谢我的同事刘艳丽老师陪我一同去实地调研，并对大名县的内容进行了修改；感谢赵小兰书记和杨峰书记为调研所做的安排；感谢戴建兵书记及其他老师为书稿的调研和后续的出版提出了很多宝贵意见；感谢北京师范大学出版社王剑虹老师的帮助。

刘晓静

目　录
CONTENTS

第一章 香河县养老服务与医疗卫生服务

本章导语

香河县与京津接壤，形似一片枫叶，素有"京畿明珠"之称，是大运河在河北省境内最北段流径的重要区域。北运河哺育了一代又一代的香河人，不仅为香河县社会经济的发展注入了活力，而且为南北贸易往来和文化交流提供了载体。

这条古老的大运河不仅促进了香河经济和文化的发展，也在新时期见证了香河养老服务与医疗卫生服务的演进历程。为了解这一演进历程，并为其更好地发展提供参考建议，本次调研实地走访了香河县政府相关部门，深入访谈了香河县民政局、卫计局（现卫生健康局）、人社局、香河县人民医院和香河县妇幼保健院等部门的负责人，参观考察了公办养老机构、社区居家养老服务中心、医疗卫生服务机构，访谈了相关负责人，查阅了相关单位的资料。香河紧靠京津，地理位置优越，经济发展较好，这为当地养老服务与医疗卫生服务的发展奠定了基础。然而，在发展过程中，养老服务与医疗卫生服务行业也存在服务人员技能不足、管理机制过于行政化、信息管理技术落后和报销机制固化等问题，这些问题的存在制约着香河县基本公共服务的进一步发展。本章具体分析了香河县养老服务与医疗卫生服务领域的发展状况，并提出了创新人才引进机制、协同京津发展战略和深化养老领域改革等建议，以期助力香河县社会经济的发展。

一、香河县的历史回顾和基本概况

(一)历史回顾

1. 建制沿革

香河县历史悠久,几经沿革,历尽沧桑。孙小营村窑地发现石斧,证明了香河县早在新石器时代就有人类聚居生息。商代以前的归属,无文字记载。香河正式建制始于辽太宗统治时期,辽太宗会同元年(938年)"于此置榷盐院,居民集聚,质实朴茂,遂与武清划分壤界,号淑阳郡"①。旋废郡改县,因彼时城东里许,有小河一条,俗称长沟,沟中多栽芰荷,莲红叶绿,赏心悦目,其香馥郁,沁人心脾,故称之为香河。香河县由此而得名。随着政权的更迭和王朝的兴替,香河在不同的历史时期有不同的归属和地名,详见表1-1。

表 1-1 香河县建制沿革

时期	建制沿革
春秋战国	属燕地
秦朝	属渔阳郡
西汉	属幽州渔阳郡
三国	为曹魏之领地
南北朝	属渔阳郡
隋朝	属幽州
唐朝	天宝元年(742年),属范阳郡武清县地
宋朝	宣和五年(1123年),徽宗赐名清化县
元朝	至元十三年(1276年),属大都路漷州
明朝	永乐十九年(1421年),改属京师顺天府
清朝	顺治元年(1644年),属直隶省顺天府

---

① 政协香河县委员会:《香河文史资料集存》第一辑(内部资料),25页,1988。

续表

时　期	建制沿革
民国	1928 年，属河北省
1949 年 8 月	河北省人民政府成立，香河属河北省通县专区
1988 年 3 月	廊坊地区改廊坊市，辖香河至今

资料来源于香河县地方志编纂委员会：《香河县志》，43～44 页，北京，中国对外翻译出版公司，2001。

该表中只选取了部分时期和对应时期的部分建制沿革，并未包含完整信息。——编辑注

2. 运河文化

京杭大运河，规模宏大，历史悠久，举世罕见。这条运河连通南北五大水系。其中，淮扬运河（古称邗沟）始凿于春秋时期，距今已有 2000 多年的历史，自此而下，绵延百代。历史中的大运河，舳舻千里，樯帆不绝，长期被作为中国南北地域之间经济大动脉的水上交通要道，对中国的政治、经济和文化等方面都产生过重大影响。

北运河，古称白河、潞河等，是京杭大运河的最北段，其上源为温榆河。温榆河源于军都山南麓，至通州与通惠河相汇合后称北运河。北运河又流经河北省香河县、天津市武清区，在天津市大红桥汇入海河，全长约 180 千米，流域面积约 5300 平方千米。香河县界内全长约 20 千米，流经安平、淑阳、钳屯、五百户 4 个乡镇。

香河县安头屯中幡是一种民俗杂技表演艺术，起源于隋唐，有着悠久的历史。隋唐时期，在航运时，帆被用在船上以增加船的航速和调整船的航向；闲暇时，帆被用在陆地上玩耍，逐渐发展出各种花样和玩法。安头屯中幡分筒、面、楼三部分，筒长约 6 米，幡面衬风，使幡的重心稳固平衡。在清代，安头屯中幡极为盛行，两次受到皇封。第一次是清乾隆十六年（1751 年），御封两面幡面，一面题字为"龙祥凤舞"，另一面为"人神共悦"；第二次是清咸丰元年（1851 年），御封两面幡面，一面为"风调雨顺"，另一面为"国泰民安"。目前，咸丰元年御封的"国泰民安"幡面保存完好。

(二)基本概况

1. 地理位置

香河县地处河北省中部略偏东，位于燕山南麓平原，位居河北省廊坊市东北部。香河县与京津接壤，东与天津市宝坻区毗连，南隔青龙湾河与天津市武清区相望，西与北京市通州区为邻，北与三河市、大厂回族自治县接壤，素有"京畿明珠"之美誉。全境呈枫叶形，东西最长约 25.5 千米，南北最宽约 23.5 千米，总面积约 448 平方千米。

2. 行政区划

至 2016 年年底，香河县辖淑阳镇、安平镇、刘宋镇、安头屯镇、渠口镇、五百户镇、蒋辛屯镇、钱旺乡、钳屯乡 9 个乡镇，新开、新华、平安 3 个街道办事处，300 个行政村。

3. 经济发展

2012—2016 年，香河县经济总体运行良好，保持着较快的增长态势，县域经济综合实力不断发展壮大(见图 1-1)。据香河县财政局统计，2017 年 1 月至 6 月，香河县财政收入 431201 万元，一般公共预算支出 296549 万元。

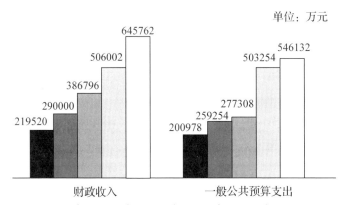

单位：万元

图 1-1　2012—2016 年香河县财政收支

资料来源：香河县财政局统计数据。

2012—2016 年，香河县居民人均可支配收入基本逐年增加，但在经济发展中也存在一些问题：其一，城乡居民收入差距明显；其二，城市居民收入增长速度整体高于农村（见图 1-2）。

图 1-2　2009—2016 年香河县居民人均可支配收入

资料来源：香河县国民经济统计资料汇编（2009—2016）。

二、香河县的养老服务

（一）公办养老机构

1. 基本情况

截至 2016 年年底，香河县 60 周岁及以上的老年人数量约有 5.7 万，约占全县总人口的 15.50%（见图 1-3）。显然，香河县已经进入人口老龄化社会，这引起了当地政府的重视和社会的关注。

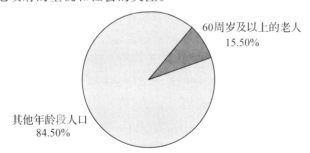

图 1-3　香河县 60 周岁及以上老年人占总人口的比重

资料来源：2017 年 7 月 11 日对香河县民政局的实地调研数据。

2017 年 6 月，调研小组在香河县调研时，据香河县民政局工作人员介绍，香河县有 3 所公办敬老院，共计 500 多张床位，基本满足了县辖区农村五保供养需求。但是，随着农村劳动力的流出，留守、独居老人增多，这为养老服务增加了新任务。为解决农村老人，特别是留守、独居老人的养老问题，香河县大力实施"幸福工程"，坚持"村级为主、因地制宜、量力而行"的原则，推进农村互助幸福院的建设。以"老有所养、老有所乐"为目标，香河县相关部门有计划、有步骤地推动养老服务业稳步健康发展。截至 2017 年 6 月，已经完成了 210 个村街的农村互助幸福院建设，共设养老床位 1033 张，有力推动了全县养老服务事业的健康发展。

2. 发展状况

(1)财政投入与社会公益并举，养老服务不断改善

通过实地调研香河县民政局和淑阳中心敬老院，调研小组深入了解公办养老机构的现状和问题。2015—2017 年，香河县政府为了改善公办养老机构的基础设施和环境，共向公办养老机构投入了 200 万元，并取得了明显成效，使其在环境的净化、绿化和美化方面都有了明显改善，养老环境更加舒适。

除财政投入，公办养老机构在发展过程中，也得到了一些热心于公益事业的企业或个人的关心与支持。逢年过节，这些企业的代表或个人会去公办养老机构看望孤寡老人；也有一些企业或个人不定期地向养老机构提供米、面、油等生活物资；还有企业直接捐赠资金，并发动企业职工担任志愿者为敬老院打扫卫生、帮老人理发等。这些事情虽琐碎，但与老人的生活息息相关，获得了老人的赞许。

(2)注重加强内部管理，巧用老人自身资源

在淑阳中心敬老院走访过程中，小组成员访谈了高院长。他强调内部管理制度在该敬老院建设、发展、运作中的作用。该敬老院针对人、财、物建立了完备的管理制度，并且信息公开，阳光运作。这种管理方式取得了良好效果。

在食堂，小组成员看到几位老人在帮忙打扫卫生或做饭。其中，既有全职的，也有自愿过来帮忙的。据高院长介绍，将有劳动能力的老人结成各种兴趣小组，使其结伴参加敬老院的各种集体活动，一方面，激发了老人的积极性、参与性，提升了老人的归属感与幸福感；另一方面，有效改善了敬老院的环境，节约了开支。

(3)比肩京津养老发展，提高财政补助标准

在京津冀一体化的背景下，为了进一步缩小与京津养老服务发展的差距，

香河县提高了养老服务的财政补助标准。在 2017 年 7 月之后，养老服务的财政补助标准从每人每年 5750 元提高至 11520 元，进一步提升了养老服务水平。

(4)注重人员技能培训，提升专业护理能力

为了提升养老服务质量，香河县民政局加强养老服务人员的服务水平提升，组织服务人员进行专业护理技能培训，从而提升服务人员的专业护理能力。在访谈民政局分管公办养老服务的负责人时，小组成员了解到这种培训是不定期开展的，培训费用全部由县政府承担，培训服务人员的老师来自专业的护理学校，具有较为丰富的理论素养和实践经验。

3. 存在的问题

(1)服务人员技能不足，专业护理知识较少

公办养老机构在发展过程中存在的问题，主要有以下几个方面。首先，服务人员的年龄结构不合理，45 周岁以上的人员比重较大。究其原因，主要是服务人员工资待遇较低。其次，从公办养老机构的实际情况来看，多数护理人员没有经过专业培训，对于老年病的护理缺乏了解；具备实践经验的专业护理人员由于待遇和发展等原因，不愿意到养老院工作。这些问题造成现有公办养老机构的护理人员整体素质难以提高。最后，香河县现有公办养老机构的医疗部门未配备医疗康复设备，限制了医疗护理水平的提高，影响了整体养老护理质量。医务人员因为条件所限，只能做预防、保健工作。究其原因，主要是养老机构人力资源政策和标准不明确，养老护理岗位工作的社会认知度不高，养老护理人员缺乏系统性培训，以及从事养老护理工作的人员的职业发展诉求无法得到满足等，导致护理人员配置结构不合理。

(2)管理机制过于行政化，灵活性不足

通过访谈和实地调研得知，公办养老机构缺乏自主性，缺乏合理的运行机制。公办养老机构的管理机制主要存在以下问题：第一，机构与行政主管部门依旧是行政依附关系，缺乏灵活性，在行政管理上，一般都参照行政主管部门的管理方式和管理经验，没有针对机构自身特点制定管理政策和制度；第二，通常情况下，机构用人自主权有待提高和完善；第三，机构实行收支两条线管理，机构需要资金要向上级行政主管部门申请，这在一定程度上限制了机构的自主运营能力。

（3）当地结算尚未落实，医养结合进程缓慢

香河与京津相邻，承接了一些京津老人的养老服务，可是由于养老服务和医疗卫生服务的发展并不同步，在一定程度上限制了香河养老服务事业的发展。老人生活在医疗机构附近，可以方便及时就医。目前，公办养老机构在这方面较落后于社会养老机构。例如，香河大爱书院养老中心就在养老机构附近建立了一个医疗保健中心，为老人就医和保健提供了便利。

（二）社区居家养老机构

1. 基本情况

2016年12月2日，河北省第十二届人民代表大会常务委员会第二十四次会议审议通过了《河北省居家养老服务条例》，该条例规定："居家养老服务，是指在政府主导下，以家庭为基础，以社区（村）为依托，以社会保障制度为支撑，由政府提供基本公共服务，企业事业单位、社会组织提供专业化服务，居（村）民委员会和志愿者提供公益互助服务，满足居住在家老年人社会化服务需求的养老服务模式。""居家养老服务应当以居住在家老年人的服务需求为导向，坚持政府主导、保障基本、社会参与、市场运作、自愿选择、就近便利的原则。""居家养老服务机构，包括社区居家养老服务中心（站）、日间照料中心、虚拟养老院和农村幸福院等。"据了解，香河县新开社区居家养老服务站位于盛世家园小区，截至2017年6月，社区有60周岁及以上老人320人，约占社区人口总数的6.7%。其中，男性190人，女性130人。

2. 发展状况

（1）专设活动场所，关爱老人精神需求

新开社区整合辖区资源，建立了350平方米的社区居家养老服务站，内设阅览室、书画室、棋牌室、康复理疗室、日间休息室、多功能活动室等，为老人提供了集居家养老、健身休闲、文化娱乐于一体的服务场所。居家养老服务站以志愿者服务为主，以社区为依托，以专业化服务为载体，提供生活照料、医疗保健、文体娱乐、精神慰藉等服务。

（2）服务多样化，满足不同需求

居家养老服务是指以家庭为基础、以社区为依托、以专业化社会服务力量为依靠，为居家老人提供生活照料、医疗保健、文体娱乐和精神慰藉等社

区化服务的一种新的服务模式。它是介于家庭养老和社会机构养老之间的一种运用社区资源开展的养老模式。这种模式可以使老人在其熟悉的社区环境下安享晚年生活，老有所医、老有所养、老有所教、老有所学、老有所乐、老有所为。这种服务模式既解决了社会养老机构不足的困难，又弥补了传统居家养老服务的不足。

居家养老服务模式分为三种类型：无偿服务、低偿服务、有偿服务（见表1-2）。

表 1-2　居家养老服务模式

类型	条件
无偿服务	①凡户籍在本辖区且居住在本辖区年满60周岁的"三无老人"（无子女、无自理能力、无生活来源），均可享受社区居家养老服务站提供的无偿居家养老服务； ②凡户籍在本辖区且居住在本辖区年满60周岁的老人，均可无偿享受社区居家养老服务站提供的健康教育、法律咨询、老年讲座、文体设施等服务。
低偿服务	低偿服务对象是指户籍且居住在本辖区的年满60周岁的低保老人、重点优抚对象和残疾老人。
有偿服务	①有偿服务对象是指生活来源稳定、经济状况较好、有接受居家养老服务的意向且自愿付费的老人； ②凡户籍在本辖区且居住在本辖区的60周岁及以上老人，均可向社区提出申请，享受服务站提供的免收中介费的社会化家政对接服务。

资料来源：2017年7月11日对香河县新开社区居家养老服务站的实地调研数据。

3. 存在的问题

（1）资源利用率较低

新开社区居家养老服务站设施比较齐全，有按摩室、书画室、棋牌室等供老人休闲和娱乐的场所，但是这些资源利用率较低。例如，书画室里有很多书籍和字画，但是老人翻看有限。还有一些设施闲置，很少有人去使用。

（2）养老资源有待整合，服务体系尚未形成

社区居家养老服务工作存在条块分割、资源分散的问题。投入不足、优惠政策落实不到位等问题，是相关部门无法充分整合其他部门资源和条块管理的结果。老龄工作部门没有行政审批权和决策权，协调社区居家养老服务工作时力难从心。政府、社会非营利组织和志愿者未能形成有效的沟通。以社区为平

台，多层次、多资源的社区居家养老服务体系尚未形成。政府仍然是养老服务供给的绝对提供方，社会非营利组织和志愿者组织参与的程度较低。

三、香河县的医疗卫生服务

(一)医疗服务

1. 基本情况

2009—2016 年，香河县乡以上医疗卫生工作扎实推进，取得了一定成效。乡以上医疗卫生机构数量 2009—2014 年较为稳定，在 2015—2016 年数量有所增加。

2009—2016 年，香河县医疗床位的数量呈上升趋势，在 2014 年、2016 年数量增加较为明显。

2009—2013 年，县级医院稳定在 2 个，直至 2014 年增至 3 个；2009—2016 年，中心卫生院发展稳定，数量保持在 3 个；乡镇卫生院的数量 2009—2013 年稳定在 13 个，2014—2016 年有所波动；防疫站、卫校和妇幼保健站 2009—2016 年发展平稳，均为 1 个(见表 1-3)。

表 1-3　2009—2016 年香河县医疗卫生机构的数量

单位：个

机构	2009 年	2010 年	2011 年	2012 年	2013 年	2014 年	2015 年	2016 年
县级医院	2	2	2	2	2	3	3	3
中心卫生院	3	3	3	3	3	3	3	3
乡镇卫生院	13	13	13	13	13	6	9	6
防疫站	1	1	1	1	1	1	1	1
卫校	1	1	1	1	1	1	1	1
妇幼保健站	1	1	1	1	1	1	1	1

资料来源：香河县国民经济统计资料汇编(2009—2016)。

香河县统计局统计资料显示，2009—2014 年，卫生技术人员的数量在 1000 人上下波动，2015 年增至 1889 人，2016 年增至 2030 人。2009—2016 年，副主任医师的数量总体呈上升趋势，2016 年增加的数量较为显著。主治医师的数量上下波动明显，2009 年为 219 人，2010 年减至 162 人，2011—2013 年稳定在 180 人左右，2014 年增至 248 人，之后呈上升趋势。2009—2016 年，医师数量起伏较大；2013 年最少，为 248 人；2015 年最多，为 538 人。可见，医师队伍的发展不够稳定。

2. 发展状况

(1) 逐步完善医保信息系统，精准核算报销费用

2017 年 7 月 14 日，小组成员到当地人社局进行调研，访谈了城镇职工医疗保险管理中心的王主任。城乡居民医疗保险由市级统筹，坚持以收定支、收支平衡、略有结余的原则。他向小组成员详细地介绍了他们的工作亮点。在城镇居民基本医疗政策出台之前，他们就开始关注和研究这方面存在的问题，并思考如何完善相关政策和建立相关网络软件平台。站在人民群众的立场上，医疗保险管理中心审视信息化的医疗报销是否能够满足需要，以及能否解决实际问题。相关的政策出台后，香河县不仅在政策执行方面比较到位，而且在网络软件运行方面也比较顺畅。其他县纷纷到香河县来学习经验。

随着医疗保险体制改革的深入及体制的日益完善，越来越多的人参与其中，促使医疗保险的种类逐渐增多，在偿付的质量和速度方面也有了极大提升，基本达到了准确、及时的偿付要求，但进行医疗保险业务的计算机网络化管理也势在必行。为了保证软件合算的准确性，城镇职工医疗保险管理中心找到了大量案例，通过人工合算的方式试验软件程序是否存在漏洞。如果人工计算出的报销费用和软件测算出的费用差距较大，就及时把这一信息反馈到软件研发部门，让他们及时做出调整。经过反复的测算和对比，最终将二者计算出的费用误差控制在 1 元以内。

(2) 聘任医院管理人才，引领医院跨越发展

香河县人民医院门院长原是一名企业家。1998 年 3 月，他受聘为县人民医院院长。上任之初，门院长受到了大家的质疑。然而这并没有让门院长打退堂鼓，反而激励着他勇往直前，坚定了他改变人民医院面貌、造福香河人民的决心。门院长团结和带领全院干部职工开拓创新，把成熟的企业管理经验运用到医院管理中，实现了医院的跨越式发展。固定资产由 1275 万元增加到近 3 亿元，偿还 1998 年以前债务 1500 万元。门院长通过先进的管理模式使县医院实现了跨越式发展，对医院的医德、医风建设做出了突出贡献。

（3）机构管理注重创新，增强服务意识

香河县人民医院一楼就诊大厅的"病人不满意，免收住院费"的标语引起了调研小组的注意。医院韩副院长说："这是我们对病人的承诺，说到做到。"香河县人民医院是在什么样的管理机制下做出该承诺的呢？

香河县人民医院借鉴企业化管理理念，既注重纪律的约束性，又注重激发员工的自觉性、主动性。香河县人民医院注重以扎实的思想政治工作教育职工，以优秀的医院文化陶冶职工情操。香河县人民医院注重讲政治意识和服务意识，用正能量引领价值观，牢固树立为人民服务的意识。

香河县人民医院从挂号、诊断、住院、治疗到报销一路畅通，实现了一站式服务，医院的绿色通道为急诊患者提供了便利。香河县人民医院的发展方向是坚持公立性，切实为全县人民服务；不忘初心，注重发展质量，让医院的发展再上一个台阶，从而让发展成果惠及全县人民。

（4）建立分级诊疗试点，改善居民就医条件

建立并完善分级诊疗模式，建立不同级别医院之间与基层医疗卫生机构、接续性医疗机构之间的分工协作机制，逐步实现基层首诊、双向转诊、上下联动、急慢分治的分级诊疗模式。根据医疗联合体内各级各类医疗机构功能定位，明确双向转诊服务流程。医疗联合体内确需转诊的患者，可以优先转至医疗联合体内上级医院，上级医院对转诊患者提供优先接诊、优先检查、优先住院等服务。急性病恢复期患者、术后恢复期患者及危重症稳定期患者可转往医疗联合体内下级医疗机构继续治疗与康复。开展医疗联合体建设是整合区域内医疗资源，促进优质医疗资源下沉，提升基层医疗服务能力，完善医疗服务体系的重要举措，是推动建立合理有序分级诊疗模式的重要内容。

经验丰富的医生到县医院和乡镇卫生院定期坐诊和举行讲座，让当地居民不出县就能享受到优质的医疗服务，分级诊疗模式的实行促进了医疗资源的下沉。香河县人民医院以"三严三实"专题教育活动为动力，提出"全面提升医院综合能力，实现三年大病不出县"的目标，积极对接京津冀大医院，与北京解剖学会建立了解剖培训基地，启动网络视频直播式教学，建立了远程会诊中心，填补了冠状动脉造影和支架植入两项技术空白，大大减少了患者跨省转诊的就医负担，促进了医院综合服务能力全面提升。

(5)突出哮喘专科特色，传承中医文化精髓

通过实地考察，小组成员发现香河气管炎哮喘医院是一家具有特色的医疗机构。该院发明的绿色免疫增强体系是香河气管炎哮喘医院多名医生历经20余年潜心研究与临床实践，逐步完善的一套治疗急慢性呼吸系统疾病的治疗方案。绿色免疫增强医学理论以中医学的整体观、辩证法为指导思想，结合现代免疫学观点，主张固本扶正，调理脏腑；平衡阴阳气血，使受损的脏腑功能得以恢复，机体免疫力得以提高，治疗急慢性呼吸系统疾病速度较快，复发率较低。

(二)卫生服务

1. 基本情况

截至 2016 年年底，香河县拥有县级医院 3 个，中心卫生院 3 个，乡镇卫生院 6 个，防疫站 1 个，卫校 1 个，妇幼保健站 1 个(见表 1-3)。拥有医疗床位 2469 张；卫生技术人员 2030 人，其中，副主任医师 62 人，主治医师 310 人，医师 442 人，其他 1216 人。香河县集体产权村卫生室全面启用，公共卫生能力持续提高。调研小组通过走访县统计局了解到，截至 2017 年 7 月，全县拥有乡村医生 322 人，覆盖全县 300 个村街，基本实现了小病不出村的愿望。

在公共卫生宣传上，香河县疾病预防控制中心(以下简称香河县疾控中心)负责宣传疾病预防与防治工作，并协助其他医疗机构开展上街下乡义诊活动。2016 年，全县医疗卫生机构多次组织医务人员上街义诊和三下乡活动，发放宣传材料近万份。

2. 发展状况

(1)政府重视卫生事业，财政支出不断增加

香河县委、县政府高度重视医疗卫生事业的发展，不断加大财政支持力度。人才资源和技术资源的双下沉提升了香河县医疗服务的质量。

香河县卫计局资料显示，近几年，县政府加大了对医疗卫生事业的财政支持力度。政府投入 785 万元用于医疗设备更新，投入 300 多万元用于卫生院的改建和扩建。分管医改办的马科长着重为小组成员介绍了香河县医疗改革的历史和现状，并就县医疗改革的发展状况谈了自己的看法与认识。2009年，国务院提出要深化医疗卫生体制改革，在此背景下，基层医疗卫生体制

改革逐步开展。医疗卫生体制改革的总体思路是医保能够承受得住，不增加群众负担，以及不减少医院收入。

（2）初建居民健康档案，迈向信息化管理

通过访谈香河县疾控中心基本公共卫生科周科长，调研小组详细地了解了香河县建立居民档案的情况。香河县疾控中心为 60 周岁及以上老人免费体检、宣传健康教育等。在县委、县政府的支持下，县医院的信息化建设加快了步伐，一卡通的使用为患者就诊提供了方便。

居民健康档案是居民健康状况的资料库，记录着居民疾病家族史、遗传史和生活、工作环境等状况。对居民个人来说，建立健康档案可以了解和掌握本人健康状况的动态变化情况。居民看病时，医务人员通过查看健康档案信息，可以了解居民的健康状况，存在的危险因素，所患疾病的检查、治疗及病情变化情况，从而对居民的健康状况做出综合评估，采取相应的治疗措施，对居民进行有针对性的健康指导。健康档案还将逐步实现信息化管理，到那时，居民无论是在基层医疗机构，还是到大医院就诊，都可以通过计算机查看健康信息，避免重复检查、用药，降低医疗费用。医务人员通过对社区居民健康档案的分析，还可以发现本辖区居民的主要健康问题，以便采取有效的防治措施。

（3）加强疾病预防宣传，提高居民保健意识

通过疾病预防宣传，居民能够了解和熟悉常见疾病，从而达到对这些疾病的早预防、早发现、早诊断、及时治疗的目的。向社区居民发放的宣传册子有世界帕金森病日相关知识、肾病内科健康知识、中医小知识、叶酸服用知识、认识结核病、养生的基本原则、肿瘤防治宣传以及香河县基本公共卫生服务手册等，通过宣传健康常识和疾病预防知识，居民的保健意识得到提高。据《香河县 2016 年国民经济和社会发展统计公报》可知，2016 年全县医疗保健指数为 101.7%（2015 年指数是 100%）。

（三）存在的问题

1. 信息管理技术落后，影响政策执行效率

建立居民健康档案的工作量较大，不仅需要科室工作人员逐字逐句地手写，而且要将档案信息录入电脑。录入居民健康档案不仅耗费工作人员的时间和精

力，而且挤占了原本应该加强基本公共卫生宣传教育的时间。负责全县基本公共卫生宣传教育的人员不足，缺乏先进的资料管理技术，工作效率受到影响。据香河县疾控中心基本公共卫生科周科长介绍，疾控中心主要负责建立新开社区居民的健康档案、健康教育宣传和体检服务。建立电子档案存在困难，主要是工作量较大，内容烦琐，字迹难辨。建立居民健康档案原本是一项非常重要的政策，但是由于当地技术的落后，影响了政策执行效果和效率。

2. 看病报销机制固化，医疗服务发展受限

香河县人民医院在发展过程中遇到了一些困境，如大病不出县区与医疗费用之间的矛盾。治疗大病的费用较高，超过的部分将由医院担负。据统计，香河县人民医院每年都会因此产生亏损。然而，目前医保政策尚不支持医疗联合体内部患者的检查和治疗的报销，医疗联合体内部转院还要再交至起付线，转诊患者也不能享受同等医保待遇。医保总额限制既影响了上级医院下转患者的积极性，也影响了下级医院接受患者的积极性。此外，由于各机构属于不同的行政管理体系，在协调上手续繁多。如果这些问题不解决就会影响分级诊疗的推进。

3. 医保管理尚未整合，技术水平有待提高

据了解，香河县城镇医疗保险有 1.2 亿元的基金，受到审计部门等上级主管部门严格的监督。医保中心的基金管理分为三块内容，一是大病，二是个人账户，三是基本医疗。香河县人社局严格按照《廊坊市城乡居民基本医疗保险实施细则》落实医保政策，设身处地地为人民着想，让人民满意。但是，在基本医疗保险方面也存在一些问题。比如，城镇职工医疗保险涉及多个部门，如信息中心、医保部门、软件和服务管理部门，他们将如同碎片般的信息传达到人社局，给人社局的政策落实造成了一定困难。部门之间在传达信息时，往往会出现传达信息不完整的情况，这导致县人社局在处理医保报销时产生各种问题。因此，医保管理及报销技术问题亟须解决。

4. 人才机制不够灵活，全科医生相对缺乏

党的十八届三中全会明确提出"完善合理分级诊疗模式，建立社区医生和居民契约服务关系"。建立社区医生和居民契约服务关系是有效提高医疗水平和质量的重要手段，然而，这就需要有更多的全科医生。全科医生缺乏是全国普遍存在的问题，香河也面临同样的问题。调研小组通过县统计局提供的资料了解到，截至 2017 年 7 月，整个香河县有 30 多万人，却仅有全科执业医生 19 名。由此，从需求来看，全科医生相对缺乏。此外，调研小组发现，香河县基层卫生服务人员低学历、低职称的问题突出，制约了分级诊疗政策的落实。县卫计局一名负责人表示，提升基层医生的水平极为迫切，需要制订长远计划。从供给侧来看，全科医生不足，主要是因为缺乏有效的激励机制。关于提高基层医生工资待遇方面的政策涉及多个部门的协同，如人社局、财政局、卫计局等部门，而卫计局又没有权力制定和发布正式的文件，因此造成基层医生人才引进机制不畅的局面。

5. 就医习惯尚未改变，进京就医倾向突出

香河县率先响应国家卫计委"十三五"时期要实现"大病不出县，小病不出村"的目标。然而，"小病去大医院，大病去北京"的就医倾向和习惯没有从根本上得到改变。在一定程度上，香河县的这种就医倾向一方面造成了医疗资源浪费，另一方面不利于北京"缓解非首都功能"。

四、发展香河县养老服务与医疗卫生服务的建议

(一)创新人才引进机制，提升医疗服务质量

香河县应该制定相关优惠政策，鼓励和支持大学生就业，拓宽大学生发展空间。对有突出专业才能的青年要重点培养，在工资待遇和住房方面给予支持，使他们愿意留下来工作，为当地经济发展做贡献。政府要为人才搭建发展平台，不仅要营造一种尊重人才、尊重知识的氛围，而且要加大财政支持力度。薪酬激励，采用"按劳取酬""以岗定薪""优绩优酬"的分配方式，提高专业人员待遇水平，使其享受各种社会保障政策。

妨碍人才引进的政策措施须予以废止，以确保事业单位人才引进的政策环境与当前社会经济发展和国家相关精神一致。对保留的政策措施，要简化程序、公开透明、明确责任、严格监督、规范操作。人才引进的政策措施应不断修改完善，但也应保持相对的稳定性和连续性，不能朝令夕改。因此，这就需要对社会经济发展水平和未来趋势进行科学预测，根据目前人才供需状况和将来的人才需求，统揽全局，科学规划，让人才来得放心、干得安心。要引进优秀人才，事业单位必须建立完善的绩效考核体系，定期对事业单位

人员进行考核和评估，并建立完善的人才退出机制，对考核不合格或不适合本单位需求的人员，应及时予以清退。

(二)协同京津发展战略，突破医养发展瓶颈

实现京津冀异地养老，关键是要打破就医、养老保障、医疗保险等方面的行政壁垒。基本医疗保险制度不但涉及患者的利益，而且涉及医疗服务提供者的利益。目前，京津冀地区很多医疗协作缺乏长期有效的机制，而且医疗保险的属地化管理严重阻碍了患者异地就医获得补偿的可能性，流动人口的医疗保障存在问题。各相关部门必须联合起来，共同参与。因此，要真正实现京津冀三地基本医疗保险的协同发展，需要多方统筹协调，营造协同氛围，建立一个异地就医管理框架和协同发展机制，给京津冀三地的协同发展提供明确的方向和标准。通过三地共同努力，打造京津冀地区医疗保险一体化管理模式，为京津冀地区的居民创造更多便捷。

基于协同区域发展的理念，医疗卫生公共服务应冲破地域的界限，构建京津冀一体化的医疗卫生体系。统一进行三地医疗卫生制度改革，统筹配置医疗卫生资源，避免医疗卫生资源的浪费，保证现有医疗卫生资源的有效、充分使用，实现京津冀医疗卫生公共服务供给的区域均等化，为协同发展经济创造良好的公共环境，从而缩小京津冀地区间差距，提高京津冀地区发展质量，改善人民福祉，促进社会发展。

(三)深化养老领域改革，发挥多元主体合力

深化养老领域改革，首先要"去行政化"，即尽可能地突破行政束缚。据此，公办养老机构的"去行政化"改革就是指改变甚至取消原有的机构人员编制等事业单位待遇，发挥政府服务引导职能，引入市场竞争力量，鼓励社会公益力量参与。此举实际上是福利多元化的过程，强调政府不再是社会福利的唯一供给者，其他社会主体也应作为提供者参与到社会福利中来。

人才是行业发展的基础，养老服务人才队伍建设是多元化社会养老服务体系建设的重要支撑，其专业水平和服务质量，将对养老服务产生直接的影响。

农村发展相对滞后，有效需求少，集居化程度低，开展居家养老服务难度大，因而将城市养老服务模式搬到农村是不合适的。农村老人获得居家养

老服务需要依托乡镇敬老院服务平台，开展一些养老服务项目，如日托服务、居家养老服务等，这是一种有效且现实的选择。对乡镇敬老院的养老资源进行挖掘与整合，将其改造成集院舍住养和社区照料等多种服务功能于一体的综合性老年福利服务中心。鼓励失能或半失能老人入住乡镇敬老院，改变以往乡镇敬老院只负责农村五保老人入住与供养的状况。

做好养老服务要通过制定政策来引导多元的服务主体参与。福利多元主义认为社会福利的提供主体可以是政府、营利机构、非政府组织或家庭与社区等，并强调各提供主体的相互配合和功能互补。政府在社会福利事业中主要扮演政策制定者、服务购买者、监督管理者的角色，而其他各类社会组织或个人则主要是政策的执行者和各项具体服务的承担者。政府虽然在社会福利事业的某些领域中也承担着诸多具体责任，但是大部分的社会福利服务并非由政府承担，社会福利服务主要依托社会力量发挥作用，由各类社会组织来负责。它更强调养老机构作为服务主体的独立性、灵活性、自主性。"去行政化"主旨在于为我国养老服务改革提供一个新的思路：养老产业的模式不仅仅依靠国家的投入，还应当采取多元化的投入方式，要求社会参与到福利事业中来，依靠社会力量，提高养老服务水平，促进养老服务发展。

(四)整合医保管理板块，防止信息碎片化传递

医保报销涉及人社局、财政局、卫计局和医疗机构等，信息在传递过程中难免出现滞后、碎片化，甚至遗失的现象。如何防止信息碎片化传递，成了当前医保管理的一个问题。在实际工作中，医院要积极做好与医保管理部门的沟通协调工作，让医保管理部门了解医院的学科优势、医院收治病种的特点以及影响医院医疗费用的客观因素。此外，还应让医保管理部门了解医院医保工作的具体管理办法、措施、规定，以及医院为此做出的努力。对于医院在落实医保政策过程中存在的问题，也要积极与医保管理部门进行沟通，协调解决，以改进工作，更好地为参保患者提供优质、高效的服务。

(五)强化治病救人宗旨，切实维护患者利益

当前，针对病种报销的医保管理方式虽然便于管理，但是限制了患者和

医生的诊治选择。治病应该因人而异，并且不同的病种有不同的医治方法。医保制度在一定程度上限制了治病的灵活性，政策与现实情况并不总是一致的，需要协调二者之间的矛盾，维护患者的切身利益。有两种方案：一是由财政出资一部分，弥补医院的损失；二是取消或者放宽费用报销的限制。坚持以患者为中心，推进慢性病防、治、管整体融合发展，使基层具备居民健康守门人的能力，逐步实现医疗质量同质化管理，增强群众获得感。选择分级诊疗试点地区开展医疗联合体试点，跟踪监测多种模式医疗联合体的运行情况。通过试点总结经验，完善政策，探索建立长效管理机制，形成科学、有效的医疗联合体模式，循序渐进、平稳推开。

（六）发挥杠杆调节作用，引导患者改变就医习惯

要想从根本上改变"小病去大医院，大病去北京"的就医倾向和习惯，一方面需要动用医保杠杆，另一方面要提升诊疗技术。动用杠杆的作用就是充分利用"基层首诊、分级诊疗"的政策空间，发挥医保资金杠杆作用，科学设计报销比例和分级报销标准，让患者"小病不出村，大病不出县"，既能提高基层医疗机构的积极性，又能促使不同级别的医疗机构有选择性地开展业务，节约成本，提升人员待遇。

分级诊疗和基层首诊方面的配套改革：实施"强制性"基层首诊。强制性基层首诊是与目前的自愿性基层首诊相对应的概念，其强制性主要体现在看病就医规程和付费标准的规范严格性及选择有限性上。实施强制性基层首诊意味着参加医疗保险的患者必须先在基层医疗卫生机构就诊，医疗保险统筹基金才能按照规定给予一定的支付比例。大医院优先服务通过转诊程序接收的病人，未经转诊的患者需要排队轮候（急诊、抢救性诊疗除外）。在实际操作中，强制性基层首诊的实施可以先在全国公立医院改革试点城市进行试点推行，然后再分地区、分阶段逐步在全国范围内推进。

附

香河县淑阳中心敬老院管理制度

一、行政管理制度

1. 敬老院每周组织一次政治活动，重点学习国家法律法规和党的方针政

策，培养五保对象遵纪守法意识。

2. 加强公共财产的管理，敬老院的房屋、床位、桌椅、电视机等均属集体财产，要认真登记造册，明确专人保管，责任到人。要防止公共财产被人为损坏、偷盗，对蓄意破坏的要按规定赔偿，并追究责任。

3. 加强对院民管理，敬老院的院民要遵守院内有关规定，外出必须请假，外出时间较长，需与院长经常保持联系。

4. 要认真开展院务公开、财政公开和民主管理活动，对敬老院的重要事务及财务开支情况及时进行公示。每半年开展一次行风评议活动，保证院民的知情权、参与权和监督权。

二、卫生管理制度

1. 保持居住环境整洁，增强老人身体素质。每位院民要自觉维护敬老院室内外卫生，保持院内整洁、干净、舒适。

2. 室外要明确卫生区，每个卫生区的环境卫生要明确专人负责。

3. 室内环境卫生由院民自行打扫，门窗要常擦拭，食堂要常打扫，餐具要常消毒，生活用品要放置有序。

4. 室内垃圾一律送往统一规定的垃圾池，不准随意堆放。

5. 为了保持室内外整洁，不准接受院外人员在本院内存放任何物品。

6. 敬老院管理人员每周要组织一次检查评比，表扬先进，查找不足，确保居住环境整洁卫生。

三、居民互助制度

1. 经常组织五保对象开展有益于身心健康的活动，增进他们之间的沟通和友谊，努力培养其团结互助精神。

2. 入住的五保对象有年龄之差、身体状况之别，必须开展互助活动。年龄相对小一点、身体条件相对好一点的要帮助年龄大、身体差的五保对象。

3. 身体较差、行走不便的五保对象若需购物时，必须有人帮助代购，确需上街的必须有人陪同。

4. 身体较弱的五保对象走亲戚时，必须由亲戚接送。

5. 五保对象看病时，必须有人护送其到医院或医务室诊治，并帮助其拿药。对于病重卧床不起的要安排专人护理照顾其生活起居。

四、安全制度

1. 不准擅自更换灯泡或擅自接电，以防发生触电事故。

2. 不准吵架、打架，以防发生摔伤事故。

3. 不准在床上躺着吸烟，不准在厨房灶后堆放柴火，不准私自生火，以防发生火灾等事故。

4. 不准过量饮酒，以防发生醉酒伤人事故。

5. 生病老人不准单独上街，以防途中病倒或遇车祸。

6. 不准吃变质的食物，以防食物中毒。

五、服务民主管理制度

1. 建立院务管理委员会，其中院民人数达50％以上。

2. 管理委员会成员要参与院内的日常管理工作及院内生产、生活、财务等方面的工作，负责实施民主监督。

3. 预先征求院民意见，定出每周食谱，做到荤素菜合理搭配。

4. 每周组织管理委员会成员对院内环境、室内卫生、食堂卫生等进行一次卫生检查评议。

5. 组织院民对工作人员每季度进行一次考评。

六、工作考核制度

1. 健全院内各项规章制度及院内考核机制。

2. 安全是院内第一要务，保证全年无一起事故发生。

3. 常年保持蔬菜自给，将院内闲置土地改造成菜园，并每月考核一次。

4. 院内环境整洁，院民房间摆设合理，室内卫生清洁。

5. 严格按老人生活标准、院务管理委员会意见，供养好老人生活，食堂卫生要绝对清洁，使院民养成在食堂就餐的习惯，逐步禁止将饭菜带进房间。

6. 做好各类考核、请假审批登记制度及各种会议文字材料收集，档案分类管理工作。

7. 完成上级交办任务，常年按上级敬老院管理标准实施好院务管理。

资料来源：香河县淑阳中心敬老院。收录本书时有改动。

第二章 青县养老服务与医疗卫生服务

本章导语

青县地处大运河沿线，大运河不但孕育了青县的文化，也见证了新时期青县公共服务事业的发展。如今，在"一带一路""京津冀协同发展""大运河文化带建设"等背景下，深入挖掘青县文化，尤其是公共服务文化显得尤为重要。本次调研以养老服务与医疗卫生服务为切入点，通过实地访谈青县民政局、卫计局、人社局等部门的相关负责人，进一步查阅文献资料，对青县的基本公共服务发展进行了深入分析。我们通过调研了解到青县在养老服务方面，秉持探索创新理念，创建了"以文养老""管家式"亲情服务等新型养老模式；在医疗卫生服务方面，通过积极培训全科医生等措施，有效提升了公共服务水平。然而，青县养老服务与医疗卫生服务仍存在医养结合进程缓慢、异地医疗无法报销、专业人才短缺、乡医老龄化严重、缺乏人才引进机制、慢性疾病患病率高等问题，这些都不利于青县公共服务水平的进一步提升。有效提升公共服务水平需要从推动医养协同发展、加快异地报销的进程、建立合理人才引进机制、完善远程会诊方式、加强健康教育工作等方面着手。

青县作为南运河流经地之一，见证了大运河的历史变迁，而大运河也在青县的经济发展、文化交流和社会进步中留下了深刻的文化烙印。研究青县文化在很大程度上意味着对运河文化的探索与保护。青县是大运河文化带建设中不可或缺的地区之一，与大运河文化带建设息息相关，而包括养老和医疗卫生在内的公共服务更是青县文化的重要组成部分。因此，调研小组系统地对青县公共服务进行了调研，重点了解了目前青县养老服务与医疗卫生服务的基本情况，发现了其存在的问题，并提出了合理的可行性建议。

一、青县的历史回顾和基本概况

(一)历史回顾

下面从建制沿革和运河文化层面对青县历史进行概括性的介绍。

1. 建制沿革

青县历史悠久，史料中有关青县的记载不计其数。例如，《元史·地理志》载：宋"大观间以河清改清州"。《宣和遗事》载："大观元年，黄河清。诏曰：'国家承百五十年三有河清之应，而乾宁军河清逾八百里，凡七昼夜，上天眷佑，敢不钦承，其以乾州为清州。'"明初降州为县，不久河决，故改清为青，称为青县。① 其名称与归属在不同时期有所不同，详见表 2-1。自汉武帝时置参户县，青县又先后称长芦县、乾宁军、永安县、乾宁县等，明洪武八年(1375 年)始称青县。

表 2-1 青县的建制沿革

时期	建制沿革
春秋	属燕国
秦朝	巨鹿郡
西汉	汉武帝元朔三年(前 126 年)属幽州渤海郡
三国	魏时为冀州章武县地
隋朝	为长芦县地，属瀛洲河间郡
唐朝	中叶属长芦县地

---

① 付志方：《江山如此多娇：自然河北》，818 页，石家庄，河北美术出版社，2014。

续表

时期	建制沿革
五代	周显德六年（959 年）称乾宁军，设县于永安，称永安县，属沧州
宋朝	大观二年（1108 年），以河清七昼夜，御批"清"，升县为州，称清州
元朝	属河间路
明朝	洪武八年（1375 年）改称青县，属河间府
清朝	雍正三年（1725 年），改隶天津州
民国	先后属直隶省等
1949 年	属沧县专区管辖
1958 年	与静海合并，称静海县，属天津市管辖
1961 年	恢复青县建制
1962 年	属沧州专区
1986 年	划归沧州市管辖

资料来源于中国人民政治协商会议青县委员会文史资料研究委员会：《青县文史资料》第一辑（内部资料），1～3 页，1989。

该表中只选取了部分时期和对应时期的部分建制沿革，并未包含完整信息。——编辑注

2. 运河文化

流经青县的运河——南运河，又称御河，原为古老河道，后经人工开凿，为京杭大运河的北段。南起山东省临清，流经德州，再经河北省东光、泊头、沧县、青县入天津市静海，最终流入海河。

青县被誉为"中国红木家具之乡""中国运河古家具文化之都"，是我国北方地区重要的红木家具生产、销售集散地之一。青县古典家具产业发展的根基便是青县运河文化的一种体现。

南运河于明清时期处于发展的兴盛阶段。据记载，明清时期漕运非常发达，许多货物经漕运运至北京，其中就有大量古典家具，而位于南运河沿线的青县则是红木家具的必经之地。因此，直到现在青县仍然流传着"红木沉船"这样的故事。

明朝弘治元年（1488 年），朝廷曾在民间大选嫔妃，张氏在 2000 多名佳丽

中脱颖而出，成为皇后。弘治十一年（1498年），皇帝特别派大臣在张皇后出生地——青县动用了大量海南黄花梨、紫檀等名贵木材，耗时十年修建了彰显皇家风范的娘娘宫。娘娘宫不仅外表华丽、金碧辉煌，而且宫内摆设着大量精巧的古典家具，尽显奢华。正是因为张皇后，青县百姓早在600多年前便领略了宫廷家具的风范。青县古典家具文化在运河文化、宫廷文化与祭祀文化发展的影响下，深深融入了青县百姓的生活，成为一种真正源自运河、长于运河的文化。

（二）基本概况

1. 地理位置

青县地处河北省东部，沧州北缘，东望渤海，北依天津，位置优越，交通便利。南北长约25千米，总面积约968平方千米，境内地势平缓，西高东低，北与静海区相邻，东与黄骅市接壤，南与沧县相连，西与大城县毗邻。北距北京市约171千米、距天津市约83千米，东距渤海约60千米，南距沧州市约35千米，西南距省会石家庄市约210千米，是河北省进入京津的北大门，素有"津南第一县"之称。京沪铁路、京沪高速铁路、京沪高速公路、104国道纵贯南北，津保高速公路、津保公路贯穿东西，南运河、子牙新河、黑龙港河流过境内。

2. 行政区划

截至2016年年底，青县辖清州镇、木门店镇、流河镇、金牛镇、新兴镇、马厂镇、盘古镇等9个镇，曹寺乡、陈嘴乡、上伍乡3个乡，全县总人口436148人。[①]

3. 经济发展

青县经济总体上稳步发展，2011—2015年地区生产总值、财政收入和公共财政预算收入，整体呈上升趋势（见表2-2）。2016年地区生产总值较2015年进一步增长。青县经济的不断发展和社会经济的日趋繁荣，为公共服务发展奠定了一定的物质基础。

[①]　资料来源于2017年7月11日对青县政府办公室的访谈资料。

表 2-2　2011—2015 年青县经济数据

单位：亿元

项目	2011 年	2012 年	2013 年	2014 年	2015 年
地区生产总值	132.32	145.00	158.13	163.07	174.30
财政收入	10.50	10.60	11.80	14.00	12.40
公共财政预算收入	4.04	4.60	4.65	5.20	5.70

资料来源于《青县年鉴》编纂委员会：《青县年鉴 2016》，北京，九州出版社，2018。

二、青县的养老服务

截至 2016 年年底，青县 60 周岁及以上的老人约占全县总人口的 16.7％[①]，基本与全国水平持平，这标志着青县已经进入老龄化社会，应对养老问题迫在眉睫。

（一）公办养老机构

1. 基本情况

目前，随着我国老龄化社会的到来和城市化进程的加快，中国城乡空巢老人数量不断增加，这引起了社会和政府的共同关注和广泛讨论。当前，我国养老服务主要有两种发展模式，即社区居家养老模式和机构养老模式。青县现在拥有一家公办的敬老院，位于青县城西唐家窑，该敬老院是集光荣院、敬老院、福利院"三院"于一体的公办养老机构。青县中心敬老园秉持"花园式环境、宾馆式管理、星级式服务、家庭式享受"的服务理念进行分期建设和统一管理。自 2007 年开园以来，中心敬老园共为全县 460 余位鳏寡老人及京津冀地区的社会自费代养老人提供"身心双护"的养老服务。截至 2017 年 7 月，中心敬老园建筑面积 10920 平方米，员工 53 人；拥有床位 270 张，月均入住 200 人，临时疗养优抚人员 50 人，剩余为机动床位。中心敬老园入住老人包括五保户 120 人，荣誉军人 26 人，社会特困人员 4 人，其他的则为自费老人。自费老人每月住宿费 400 元，餐饮费 400 元，护理费按需求则为 400～

---

① 资料来源于 2017 年 7 月 12 日对青县老龄办的访谈资料。

1400 元不等。①

2. 发展状况

（1）秉持以德治院理念，推崇管家服务模式

入住中心敬老园的老人一般自我管理能力比较差，性格差异也比较大，并且许多老人存在身体健康方面的问题。为了更细致体贴地照顾到每一位老人，让每一位老人都体会到中心敬老园的温暖，中心敬老园明确了员工工作职责，推出管家式亲情服务模式。中心敬老园根据老人的身体状况将老人 5～10 人分为 1 组，组成 1 个"小家庭"，每个"小家庭"明确 1 名护理人员做"管家"，"管家"负责及时掌握老人的身体健康状况及了解其心理状态、照顾老人的日常起居等工作。通过推行管家式亲情服务模式，院区日常工作有了明确分工，敬老院工作人员更能及时了解每位老人的情绪，服务工作质量也得到了根本保证。总之，这一模式使院民在享受"大家庭"温暖的同时，更能体会到"小家庭"的温馨，使老人与院区服务人员形成了良好的社会关系，切实保障了老人的身心健康发展。

（2）坚持养文结合理念，探索"以文养老"模式

在丰富物质生活的同时，青县中心敬老园十分重视精神文化建设，探索"以文养老"模式。"以文养老"被民政部有关领导称为行业内首创，并为全国社会化养老提供了借鉴。"以文养老"主要体现在以下 3 个方面。

第一，中心敬老园为了进一步为青县老人提供精神层面的优质服务，坚持向"科学养老"进军，创办了"敬老讲堂"，由一线的护理员工主讲，包括讲认识、讲体会、讲建议，在课题选取上也不拘一格，积极探索服务的最佳路径。为了切实办好"敬老讲堂"，调动大家主动参与的积极性，院区要求干部职工结合岗位性质，发挥自身优势，认真回顾总结，以创新的理念选题备课。院区针对工作中提出的新见解和好举措，会给予一定的表彰及鼓励。"敬老讲堂"为一线员工发表见解、交流体会、相互促进、共同提高提供了舞台，创造了发展进步的机会。此外，"敬老讲堂"践行"一切为了老人，为了老人的一切"的服务宗旨，坚持从实践中来，到实践中去，提升团队综合素质，培养业务骨干。

---

① 资料来源于 2017 年 7 月 12 日对青县中心敬老园的访谈资料。

第二，建立老年健康俱乐部，增强老人保健意识。老人一般都较为关注养生、健康等方面的话题，为此，中心敬老园根据老人这一精神需求，创立了老年健康俱乐部，每周开展老年健康教育活动，向老人传授一些健康生活知识，进而提高老人的保健意识。

第三，中心敬老园在院区内兴办"老年小学"，促进老人的再社会化。院区内的老人大部分文化水平较低，有的老人甚至不会写字。中心敬老园安排一些有知识、有能力的服务人员担任"老年小学"的老师，向老人教授知识。课程以简单的手工课、音乐课、文化课为主，因材施教，并采取一定的激励措施，如颁发奖状等，使老人通过学习丰富自己的精神文化生活。

3. 存在的问题

（1）院区人员偏老龄化，专业养老人才短缺

青县中心敬老园在职工任用方面主要存在以下问题。第一，服务人员年龄偏大，40岁以下工作人员匮乏，许多年轻人因工资待遇偏低而不愿从事该工作。另外，受传统思想观念的影响，养老护理被认为是伺候人的工作，这使得许多年轻人不愿意到敬老园工作。第二，员工专业护理水平偏低。由于工作本身的薪资待遇较低，因此对专业护理人员缺乏吸引力。此外，院区的医疗部门未配备医疗康复设备，专业医务人员因为条件所限，只能侧重预防、保健工作，治疗工作还得交给医院，这极大地限制了院区医疗护理水平的提高，影响了整体养老护理质量。第三，院区专业人才短缺。一方面，医护专业毕业生，在临床实践上缺乏经验；另一方面，具备实践经验的专业医护人员由于待遇偏低、职业发展有限，不愿意到院区工作。养老服务需要有专业知识、经验和理念的人才，需要科学的、专业的团队，目前养老服务的发展仍然任重道远。

（2）医养结合进程缓慢，异地医疗无法报销

老人年龄较高，身体素质较差，在入住养老院后，不但需要养老服务，而且需要医疗保健服务。截至2018年1月调研时，青县中心敬老园尚未真正实现医养结合，老人在获取养老服务的同时，获取医疗保健服务尚有不便，存在一定困难，这成为限制中心敬老园提高整体服务质量的一个重要因素。另外，在与中心敬老园工作人员的访谈中，调研小组了解到中心敬老园承接了一部分来自北京、天津的老人，但是数量很少，许多来自北京、天津的老

人在了解到无法实现异地医疗报销之后，便不再前往。异地医疗报销消耗了老人及其家庭的时间、精力，在很大程度上增加了老人的养老成本。

(二)民办养老机构

在公办养老院"供不应求"的情况下，民办养老机构在一定程度上缓解了养老需求紧张的问题。以下将从民办养老机构基本情况、发展状况和存在的问题3个方面进行介绍。

1. 基本情况

青县康泰养老护理中心是青县一所民办养老机构，本着"以人为本，孝行天下，服务老人，回报社会"的办院宗旨，以"诚信服务，传递爱心"的服务理念跻身老年服务市场。青县康泰养老护理中心于2014年设立，建筑装修全部按医院标准设计，有中央空调系统、太阳能热水系统、宽带网络系统，覆盖养护中心的每个房间。

2. 发展状况

(1)医养结合创新探索，满足老人医疗需求

青县康泰养老护理中心是河北省第一批医养结合试点单位，一栋建筑拥有养老层、保健层以及医院层，综合了医院和养老机构的优点，也弥补了家庭护理和社会养老机构护理因专业护理水平不足和医治条件不够完善所造成的护理缺陷。康泰养老护理中心的优势是养老带医护，生活养病两不误。养护中心是集老年护理、医疗、保健、康复、托老养老、临终关怀、疾病预防等多功能服务项目为一体的专业"医护型"养老护理机构，特别针对失能老人提供专业化的护理方案，全方位满足了不同老人的居住需求。这种从单一医疗、单一养老到医养融合的转变，将满足群众多层次、多样化的健康养老服务需求，提高老年人的健康水平。

(2)倡导有机生活理念，满足老人精神需求

据了解，青县康泰养老护理中心附近有一片供老人种植、养殖的农田，一些身体状况较好的老人可以在闲暇时亲自种植农作物，养殖家禽，丰富日常生活。其重要作用主要体现在以下3个方面。第一，老人可以在闲暇时走出养老院，进行照料植物、饲养动物等有益身心健康的活动，从而达到强身健体、怡情养性的目的。第二，老人可以通过这些活动培养并发展自身兴趣

爱好，增添日常生活的乐趣，使生活不再单调乏味。第三，老人可以通过分享农作物种植方法，交流活动经验以建立相互之间的友谊，加强互动。由此，老人即使远离了以前的生活环境，也能实现精神需求的满足。

3. 存在的问题

(1)异地医疗难以报销，阻碍养老机构发展

青县与京津相近，承接了一些来自北京、天津的老人的养老服务。青县康泰养老中心的医院与养老中心在一栋大楼内，有效实现了医养结合，为老人提供了就医和保健的便利，吸引了很多当地老人。但是外地老人在青县看病后的医疗费用，不能在青县直接报销，这让一些外地老人望而却步。总之，异地报销困难问题大大缩小了护理中心承接老人的范围，阻碍了护理中心的进一步发展。

(2)养老政策不明晰，政策落实不到位

一方面，当前与养老有关的法律、法规和政策更多的是方向性的指导，多涉及宏观层面，缺少关于法律、法规与政策的具体解释。例如，针对老人在养老院跌倒、摔伤等问题，责任的界定难以明晰，这就使得许多养老院在发展过程中往往需要承担很大风险。另一方面，扶持养老机构发展的优惠措施还在落实中。民办养老机构在划拨土地等方面还面临许多困难和制约因素，硬性的政策规定面临着实践中的软执行，这在一定程度上抑制了社会资本投入并兴办养老服务机构的积极性。

(3)竞争优势不甚明显，易陷入发展恶循环

民办养老机构在养老事业中处于弱势地位，其原因主要有3个：第一，民办养老机构的资金投入基本上来自私人投资，而公办养老机构的建立、运行和发展资金来自政府财政支持；第二，养老机构的建立和后期维护需要高额的资金，这对于养老机构的负责人来说是一种很大的压力；第三，养老事业是一项长期事业，回本相对较慢。民办养老机构为了能够实现资金不断回笼以维持机构的发展，往往会收取较高的费用，因此多数老人更倾向于选择公办养老机构。较高的费用使得民办养老机构相对于公办养老机构竞争力弱，在这种情况下，民办养老机构的入住率则越来越低，而为了不断回收前期投入资本以及维持机构的正常运行，民办养老机构只能在原来的费用基础上继续提价。正因如此，民办养老机构陷入费用高昂—入住率低—竞争力弱—提

高费用—入住率低—竞争力再减弱的恶性循环中。

(三)农村幸福院

1. 基本情况

随着老人数量的大幅度增加，社会老龄化问题越来越凸显，老龄工作任务也越来越重要。青县为解决农村老人，尤其是留守、独居老人养老问题，坚持村级主办、互助服务、群众参与、政府支持的原则，实施了"幸福工程"。截至 2017 年 4 月，青县共计 345 个行政村，建立了 84 所农村幸福院，覆盖率为 25％。① 农村幸福院是农村基于社会养老和传统家庭养老两种模式探索出来的一种中间养老模式，利用农村闲置资源以达到村民报团取暖、就地享福的目的。相比于社会养老，幸福院养老成本较低，适合农村地区经济条件较差的老年群体；相对于传统家庭养老，幸福院将大部分老人聚集在一起，实现了互助养老，切实满足了老人的精神文化需求。

2. 发展状况

(1)资金来源多样化，助力幸福院发展

目前，农村幸福院的资金来源主要有四部分。首先，以村集体的投资为主，整合村庄闲置资源加以充分利用，此部分资源用以建立幸福院，购置幸福院的基本生活用具，支付水电费等运营费用。其次，维持入住老人基本生活需要的费用主要由老人及其家庭承担。再次，根据入住老人的经济状况以及入住老人数量，政府给予幸福院一部分财政补贴。最后，政府积极鼓励个人向幸福院提供一定的资金支持，或是帮助幸福院购置基础设施等物质支持。总之，村集体、老人自身及其家庭、政府、社会 4 种资金来源合力推动幸福院的建立与发展。

(2)注重老人互助养老，挖掘老人自身价值

幸福院旨在整合利用农村闲置资源，汇集老人，实现互助养老。幸福院奉行"互助为主，管理为辅"的原则，注重老人互助养老，即年龄较小的老人照顾年龄较大的老人，身体较好的老人照顾身体不好的老人，以充分发挥入住老人自身的价值。专业人员退居二线，主要对幸福院的整体运行进行指导

---

①　资料来源于 2017 年 7 月 12 日对青县老龄办的访谈资料。

与管理，以实现老人互相帮扶、共同养老的目标，增强老人养老的成就感与幸福感。

3. 存在的问题

(1)资金存在较大缺口，难以满足基本需求

尽管青县幸福院资金来源主体较多，但是依然存在较大的资金缺口，许多幸福院因村集体资金不充裕以及社会资本参与程度较低，难以运行。而一部分幸福院建立之后因缺乏长久的资金维持机制，基础设施建设水平较低，在食品安全以及医疗救护等方面存在诸多隐患，甚至部分幸福院因资金不足冬天难以实现正常取暖。可见，老人的基本生活需求难以得到充分满足。另外，受其自身素质和生活条件限制，老人互助科学性较差，相互之间缺少有效的互动，导致精神需求的满足难以实现，这与青县建立幸福院的初衷相去甚远。

(2)专业管理人员不足，设施维护人员较少

青县目前已经建成几十所农村幸福院，但只有极少数的专业人员以及必要的基础设施维护人员。尽管挖掘老人自身价值是实现互助养老的一种有效手段，但是幸福院的运行更需要专业人员和维护人员的支持。专业人员可以对老人进行分组，鼓励老人在组内互帮互助，教会老人使用各种设施，进而提高资源的利用率。最重要的是幸福院运行资金的整合需要专业管理人员的参与。维护人员对幸福院的运行与发展发挥着不容忽视的作用，他们能够提高幸福院内基础设施的使用年限，切实保证基础设施能够为老人所用，提高资源的使用率，从而间接满足老人需求，降低运行成本。因此，建设一支具有专业素质的管理人员和维护人员队伍对幸福院的运行和发展具有十分重要的意义。

三、青县的医疗卫生服务

医疗卫生服务关乎居民的健康与卫生水平，是一个至关重要的问题，这里主要分析青县的医疗服务和卫生服务发展情况。

(一)医疗服务

关于医疗服务的研究主要从基本情况、发展状况和存在的问题 3 个方面

进行分析。

1. 基本情况

由图 2-1 可知，青县医疗人员总人数稳步提高，虽然 2014 年注册执业（助理）医师人数有小幅度下降，但从总体上看，青县专业医护人员总人数呈上升趋势。

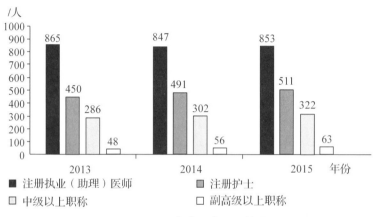

图 2-1　2013—2015 年青县专业医护人员数量

资料来源：2017 年 7 月 14 日对青县卫计局的访谈资料。

由表 2-3 可知，截至 2015 年，青县县级医院有 6 个，乡镇卫生院发展稳定，数量保持在 10 个，卫生监督所、妇幼保健站、疾控中心的数量在 2013—2015 年发展平稳，均为 1 个，村卫生室的数量呈下降趋势。

表 2-3　2013—2015 年青县医疗卫生机构的数量

单位：个

机构	2013 年	2014 年	2015 年
县级医院	5	6	6
乡镇卫生院	10	10	10
卫生监督所	1	1	1
妇幼保健站	1	1	1
疾控中心	1	1	1
村卫生室	493	490	481

资料来源：2017 年 7 月 14 日对青县卫计局的访谈资料。

2. 发展状况

(1)实行远程会诊，提升医疗服务能力

目前，青县和北京、天津、石家庄等地的多家市级医院实行了远程会诊。远程会诊主要是指地方医院的主治医生向专家介绍病人病情，专家通过了解病情、分析提出诊断意见和治疗建议，会诊结束后，专家医院向地方医院发送会诊意见书，供地方医院参考。这既节省了时间和精力，又能为病人提供更便捷、更优质的医疗服务，使病人不出县便可以享受到较好的医疗服务。

(2)积极培训全科医生，不断发展医疗联合体

青县是沧州全科医生培训基地，全科医生的培训旨在提高基层医护人员的专业能力，为个人、家庭和社区提供优质、经济有效和一体化的基层医疗保健服务，进行生命、健康与疾病的全过程、全方位负责式管理，提供全科医疗的卫生服务。其服务对象涵盖不同性别、不同年龄的人，服务内容涉及生理、心理层面的健康问题。此外，青县积极开展医疗联合体，以建立大医院带社区的服务模式，加强社区卫生机构能力建设，推动康复和护理机构发展，构建分级诊疗、急慢分治、双向转诊的诊疗模式，促进分工协作，合理利用资源，方便群众就医。

(3)注重人员进修培训，请专业医护人才来指导工作

通过在青县人民医院科教科进行访谈，调研小组得知青县人民医院每年自费派10人左右外出进修，时间短则1个月，长则2年，2015—2017年共派出356名医护人员外出进修、参观学习和短期培训。医院的人员外出进修可学到先进的操作技能，提高医护能力和水平。进修人员回来后还要举行讲座和会议，做总结报告，宣传先进的操作技能，从而带动其他医护人员提高专业技能。

青县与北京、天津、石家庄等地三级医院加强技术协作，外请专家327人次。2013年，仅青县人民医院就有7个科室外聘专家，固定日期来院指导工作或出门诊；2014年，医院外聘专家的科室增加到9个；2015年增加到11个。2014年，开展远程会诊10例。这对学科建设、人才培养、专业发展起到了积极的促进作用。此外，根据农村医疗卫生机构医务人员实际，每月组织上级医师为农村医务人员开展医疗技术和合理用药、法律法规、公共卫生知

识等专业知识讲座，2016 年和 2017 年共培训农村医务人员 1650 余人次。[①]
据青县人民医院工作人员介绍，医院通过媒体招聘、网站招聘和到高校招聘
的方式引进人才，并与 10 余个本科院校建立了联系，2015—2017 年共引进
150 多名医学护理学专业毕业生。

3. 存在的问题

(1)医疗资源总量不足，医疗服务能力受限

青县在床位资源和人力资源两个方面的卫生资源指标低于全国平均水平，
和河北省平均水平尚有一定差距。床位数指标为 3.44，低于全国 5.11 的平均
水平和河北省 4.61 的平均水平；注册护士指标为 1.34，低于全国 2.40 的平
均水平和河北省 1.80 的平均水平。[②] 专业医护人员的缺乏不利于医疗服务水
平的提高。这些资源的缺乏限制了青县的医疗服务能力，青县城乡居民就诊
流向资料显示，县内住院比例为 73.58%，县外市内住院比例为 21.08%，市
外省内住院比例为 0.27%，省外国内住院比例为 5.06%，这与国家要求的大
病不出县规定不一致。此外，作为青县医疗技术龙头的青县人民医院，医嘱
转院比例只有 1.71%，而非医嘱转院比例高达 29.38%，其中，大部分是直
接转外就医。[③] 这反映了由于资源的缺乏，青县目前的医疗服务能力不能较好
地满足群众的医疗服务需求，导致青县病人外流的现象，因此青县医疗服务
能力有待提升。

(2)城乡医疗人才配置不均，限制城乡医疗卫生协调发展

青县城乡经济发展存在差异，城乡医疗配置存在不均衡的现象，这主要
表现在医疗人才配置方面。农村基层医疗卫生机构人才缺乏，尤其是医护人
员的学历和技术水平都远远不如城市。基层医疗工作人员大多数是从专科医
学院校毕业的学生，少数是一些技术素养较低、医疗或护理水平较差的转业
工作者。他们一般缺乏扎实的医学理论知识和专业的医疗技能，无法满足农
村日趋增长的医疗需求。除此之外，基层卫生机构还存在执业医师配备不足
的问题。相关数据显示，2015 年，青县 560 家基层医疗机构中共有执业(助
理)医师 428 人，平均每家机构不足 1 人，医疗人员的助理仍然是村医和卫生

---

① 资料来源于 2017 年 7 月 14 日对青县人民医院的访谈资料。
② 资料来源于 2017 年 7 月 13 日对青县卫计局的访谈资料。
③ 资料来源于 2017 年 7 月 14 日对青县卫计局的访谈资料。

员。其实，青县城乡医疗卫生服务人员存在质量和数量配置不均的主要原因就在于基层医疗机构薪资水平低、待遇不佳、没有良好的发展前景，难以吸引优质的医疗卫生技术人员。而城市以其优越的生活和工作环境以及较高的待遇，汇集了大量的优秀工作者，进而导致城乡医疗卫生服务发展不平衡的尴尬局面，最终限制了青县医疗卫生服务事业的协调发展。

（二）卫生服务

1. 基本情况

2015年，全县开放病床1441张，每千人口病床数约3.37张；共有各类卫生技术人员1817人，其中执业医师849人（每千人口执业医师约2.03人），执业注册护士562人（每千人口注册护士约1.34人），等等。

2015年，青县各类医疗卫生机构完成门诊诊疗271.25万人次，住院4.25万人次，全县病床使用率约为64.52%，其中5家公立医院（青县人民医院、青县中医医院、青县第二人民医院、青育康医院等）开放床位1050张，病床使用率约为94.17%；10个乡镇卫生院开放床位181张，病床使用率约为15.39%。①

2. 发展状况

（1）更新健康档案信息，提高健康档案质量

县政府在乡镇卫生院设立公共卫生科，并积极开展和推进居民健康档案建设。2013—2014年，按照《国家基本公共卫生服务规范》，卫计部门定期组织乡镇卫生院和公共卫生定点村卫生室开展免费的健康体检和季度随访活动，及时完善更新居民健康信息，将更新内容同步录入电子健康档案，为进一步用活、用好健康档案打下了良好基础。2015年，政府不断完善"青县公共卫生信息管理系统"功能，通过健康体检和季度随访等形式，进一步更新了居民健康档案信息，并删除重复的健康档案，不断提高城乡居民健康档案的整体质量。截至2015年年底，全县录入电子健康档案318652人，电子健康档案建档率为73.06%。②

---

① 资料来源于2017年7月14日对青县卫计局的访谈资料。

② 资料来源于2017年7月14日对青县卫计局的访谈资料。

（2）逐渐升级老年人管理项目，不断加强规范管理

按照规定项目，青县对全县 65 周岁及以上高血压和糖尿病患者、重性精神病患者进行了健康体检，并根据体检结果进行了健康教育和规范化管理。2013 年，青县通过创新性地实施"服务券"管理方式，确保了体检的质量，实现了筛查和干预措施全覆盖、高质量。其中，高血压老年患者规范管理率为98.75％，糖尿病老年患者规范管理率为 98.70％，重性精神病老年患者规范管理率为 67.2％。

2014 年，青县升级了老年人健康体检项目，体检项目除血、尿常规，肝肾功能，心电图和空腹血糖及血脂外，增加了 B 超、乙型肝炎表面抗原两个检查项目。2014 年，全县 65 周岁及以上老年人建档 44652 人，规范管理30202 人，规范管理率为 67.63％。其中，高血压老年患者规范管理率为97.50％，糖尿病老年患者规范管理率为 93.00％，重性精神病老年患者规范管理率 85.70％。

2015 年，按照《国家基本公共卫生服务规范》的要求，青县继续开展老年人健康体检和健康指导工作。截至 2015 年年底，全县 65 周岁及以上老年人建档 50245 人，规范管理 35225 人，规范管理率为 70.11％。①

（3）注重医务人员培训，提高医务人员专业技能

为了应对当前青县基层医疗卫生水平较低以及基层医疗机构人员能力不足的问题，2016 年青县卫生部门开展例会，在例会中解答了其工作中遇到的问题，使基层医护人员增长了护理知识，从而助力基层医护人员的护理能力，以及基层医疗的整体质量和水平的提升。例会每个月举行一次，例会内容与例会开展时间段相适应。例如，夏天中暑的可能性比较高，那么在夏季例会内容则以中暑的预防、判断和急救为主。此外，例会的内容多与农村常见病、多发病有关，主要以提高基层人员在农村常见病、多发病的判断与应急急救方面的能力为主。值得一提的是，例会的到会率很高，这不仅有助于提高基层医护人员的专业技能和基层医疗水平，而且在很大程度上节省了医护人员的时间与精力。

---

① 资料来源于 2017 年 7 月 14 日对青县卫计局的访谈资料。

（4）乡镇卫生院标准化，提供优质卫生服务

2013 年，为了向群众提供更加优质的卫生服务，青县完成曹寺、金牛、流河、马厂、木门店 5 个乡镇卫生院业务用房的改建扩建。此外，青县又积极推进了盘古卫生院、陈嘴乡卫生院、流河中心卫生院的改造扩建，于 2014 年 5 月完成装修并投入使用。2014 年，青县启动实施了清州、马厂和新兴 3 个乡镇卫生院的标准化改造项目，于 2015 年年底竣工并投入使用，届时又启动了上伍乡卫生院、木门店镇卫生院两所卫生院标准化建设项目，同年年底全部完工。2015 年年底，全县 10 个乡镇卫生院全部完成标准化改造任务，全部达到标准化、规范化。

（5）强调妇幼保健工作，收获显著成果

县政府深入贯彻国家相关政策，如妇女"孕前优生健康检查"在政策计划内免费，妇女（本县农业户口孕妇）产后可以领取 300 元补助。青县一直致力于妇幼保健宣传知识，妇幼保健站通过在站内陈列展示牌等形式向青县群众宣传保健知识，提高了青县群众，尤其是妇女的保健意识。据了解，2017 年上半年早孕建册率为 94.36％，孕妇健康管理率为 92.60％，产后访视率为 94.36％。① 通过深入贯彻国家政策以及推进妇幼保健工作，青县在相关方面取得了显著成效。

3. 存在的问题

（1）卫生经费投入总量不足，结构和地区分布不合理

经费是卫生服务能力的物质保障，政府在卫生服务方面的财政投入决定了地区卫生服务发展的能力和水平。就青县而言，政府在发展当地医疗卫生服务事业的过程中，往往会忽视卫生经费投入的总量大小是否适当、结构合理与否和地区分布是否均衡等问题。首先，卫生经费投入总量不足。从卫生服务供需方面来看，青县人民对健康、预防、保健等卫生服务的需求日益增长，而当地的卫生供给能力却难以满足其需要。其次，卫生经费结构配置不合理。青县卫生经费主要用于医护人员的工资支出和完善城市大医院设备、技术更新等方面，而在提高青县人民健康和预防水平方面投入过少。最后，卫生经费地区分配不均衡，城乡差异大。基层卫生机构服务能力和水平本就

---

① 资料来源于 2017 年 7 月 13 日对青县妇幼保健站的访谈资料。

比较低，而政府却将大部分财政经费投入大医院，这严重制约了基层卫生服务事业的发展。

（2）慢性疾病患病率高，保健工作有待完善

长期以来，我国在卫生工作方面始终坚持"预防为主"的方针。党的十九大确定了健康中国战略，健康中国战略的主要内涵是坚持预防为主，倡导文明、健康的生活方式，即将更多的精力和经费转移到对疾病的预防上，增强全民的预防意识、保健意识，提升全民健康水平。这一战略是全国各地区发展卫生事业的指导原则和行动准则。

随着生活方式、环境等因素的变化，疾病谱也在发生变化，慢性非传染性疾病已经成为影响青县人们健康的主要疾病类型之一。据工作人员介绍，青县慢性疾病患病率达 32.16％，住院比例较高的疾病从高到低依次是呼吸系统疾病、循环系统疾病、神经系统疾病、消化系统疾病、癌症及恶性肿瘤、妊娠分娩及产褥期并发症。青县相关部门在一定程度上忽视了疾病的前期预防工作，没有通过有效的途径提高青县群众的预防保健意识，但疾病预防往往比治疗更为重要。一般来说，预防的前期费用投入少于后期疾病治疗费用。

（3）乡医老龄化问题较严重，缺乏人才引进机制

人力资源是所有资源中最具能动性的因素之一，卫生机构的服务能力和水平在很大程度上取决于基层人员的素质。从整体上看，青县基层卫生服务人员无论在专业水平还是在年龄结构方面都存在诸多问题。一方面，青县基层卫生机构人员素质参差不齐。基层卫生机构人员素质结构呈"金字塔"形，能为基层群众提供有效的卫生服务的高素质者很少，基本能够满足基层群众卫生需求的服务人员不足，较多工作人员缺乏专业的技能和卫生知识，难以为群众提供高质量的卫生服务，需要对其进行有计划、有目的、有步骤的培训。另一方面，乡医老龄化问题比较明显。大多数乡医的年龄在 60 岁到 70 岁之间，从事乡医工作的年轻人较少，后备力量较为不足。这在一定程度上不利于青县基层卫生服务事业的可持续发展。究其原因是乡医工作的薪资水平比较低，待遇比较差，对年轻的医疗人员的吸引力不足，这就制约了基层卫生机构的发展。

（4）乡镇卫生院职能不足，发展目标难以实现

三级卫生服务网是指以县级医院为龙头，以乡镇卫生院为主要力量，以

村卫生室为基础的卫生服务网。乡镇卫生院作为三级卫生服务网的主要力量，应当承担地域内大部分的医疗及保健服务，然而青县乡镇卫生院年人均诊疗人数不到村卫生室的1/3。卫生服务水平较低的村卫生室承担了过多的医疗卫生服务需求，卫生服务水平相对较高的乡镇卫生院承担的医疗卫生服务需求却相对较少，而本应流向乡镇卫生院的卫生需求却停留在村卫生室。显然，村卫生室靠有限的卫生资源满足基层人民的健康需求是力不从心的，这不利于青县实现医疗服务水平的提升，也妨碍了青县卫生事业的健康发展。

四、发展青县养老服务与医疗卫生服务的建议

（一）养老服务方面

1. 推动医养协同发展，加快异地报销进程

（1）医疗、养老机构合作，丰富完善服务方式

青县养老机构大都只提供基本的生活照料服务，医疗护理服务明显不足，难以满足老年人的医疗和健康需求，这限制了青县养老行业的进一步发展。第一，政府应积极促进医疗机构与养老机构的密切合作，探索医疗机构与养老机构合作新模式，推动医养结合发展，为老年人提供专业的养老服务与医疗卫生服务。第二，青县政府应该鼓励一级、二级医院和社区卫生服务中心发挥专业技术优势，转型为中心养老机构，提供养老照料和医疗护理服务，开通预约就诊绿色通道。第三，医疗卫生机构要积极为入住养老机构的老年人提供医疗巡诊、健康管理、保健咨询、预约就诊、急诊急救、中医养生保健等服务，确保入住老年人能够得到及时有效的医疗救治。第四，应拓宽医养结合服务的供给渠道，如养老机构可以通过服务外包、委托经营管理的方式吸收医院参与运营管理，发挥提升双方的专业优势，提升双方的综合能力和水平。第五，建立社会性的长期护理保险制度，鼓励社会发展商业护理保险，合理设计审批程序，促进相关组织的成长，并为老人提供相应补贴，维护老人长期健康。

（2）不断发挥市场作用，积极拓宽融资渠道

首先，政府应鼓励社会力量采取特许经营、公建民营、民办公助等模式积极投入青县养老服务供给市场，支持社会力量创办非营利性医养融合机构。

其次，对于社会力量举办的医养融合机构，政府应整合审批环节，简化审批流程，缩短审批时限，建立便捷服务机制。最后，积极发挥市场化作用，以多种方式吸引信贷资源、社会资本、境外资金投资医养融合服务，加大对医养融合领域的支持力度。

（3）发挥政府作用，加快异地报销进程

青县相关部门要顾全大局，结合各自职能，在养老服务和医疗卫生服务的建设方面坚持正确的发展方向，充分发挥政府的指导作用。除此之外，有关部门要尽快完善相关社保政策，加大基本医疗保险对养老服务的支持力度，尽快出台异地报销政策，支持符合条件的养老机构内设医疗机构、护理院和老年康复医院，并纳入医保定点。政策上支持异地报销，促进青县养老服务事业的持续健康发展。

2. 制定养老服务相关条文，明晰各方责任

目前，我国对于老人在养老院受伤的事件没有明确的条文规定，这就使得民办养老机构处于被动地位，往往要承担很大的经营风险。为了促进民办养老服务的稳定发展，政府应明晰各方责任，深入调研养老机构，汇总养老机构类似案例，进行深入分析和研究，逐步制定相关的条文，保障各方权益，为养老机构增加一份坚实的保障。

3. 加大政府政策支持力度，缓解民办养老机构压力

民办养老机构最大的压力是资金不足，政府的扶持力度在很大程度上会影响一个地区民办养老机构的发展。青县政府应采取积极行动，支持和帮助民办养老机构在养老市场中占得一席之地，并使其保持稳固发展。首先，对于符合资格条件以及信誉度较好的民办养老机构，青县政府可以实施合理的税收优惠政策，在一定程度上降低民办养老机构的发展压力。其次，青县政府要明确养老事业具有正外部性，其有序的运营和良好的发展能够有效解决养老问题，促进地方就业。为此，政府应在科学调查的基础上，制定符合本县经济发展状况的财政补助方案和措施，并且针对实施的实际情况确定具体人员进行调查、考核以及反馈，从而让补助真正落到实处，真正缓解民办养老机构的资金压力。最后，民办养老机构可以与社会基金组织建立密切联系，获取一定的资金和物质支持，并形成长期有效的支持系统，促进自身的健康运营和可持续发展。

4. 探索资金来源多渠道，建立人才提升机制

一方面，为解决养老机构资金发展不足问题，政府应帮助养老机构拓展资金来源渠道，建立养老机构建设发展专项资金，实现定向、定时补贴。此外，政府要与社会慈善机构加强联系，为养老机构争取资金支持和服务支持。此外，政府应该建立养老机构与非营利组织的联系机制，吸收非营利组织的资金捐助。另一方面，为了养老机构的长足发展，在养老机构发展资金较为充足的基础上，政府还需要建立合理的人才提升机制。目前，多数养老机构专业管理人员较少。政府可以通过建立与专业学科的联系，为管理人员提供进修渠道以提高其管理能力和专业水平，继而以现有管理人员带动更多非专业管理人员向专业管理人员发展，增强养老机构管理的可持续性。除此之外，养老机构也可以以兼职形式聘用维护人员，降低人工成本，提高养老设施使用率。

(二)医疗卫生服务方面

1. 加强健康教育工作，增强疾病预防意识

青县在慢性非传染性疾病的预防和治疗方面的措施不够完善，预防和治疗水平较低。增强青县居民疾病预防意识，降低慢性疾病患病率的一项重要举措是加强健康教育工作和开展健康宣传活动。健康教育是指通过有计划、有组织、有系统的社会教育活动，鼓励人们自觉地采取有益于身心健康的行为和生活方式，提高自我保健能力，减少或消除影响健康的危险因素，预防疾病，促进健康，提高居民生活质量和生活水平。

首先，加强健康教育工作需要青县卫计部门根据青县患病率的实际情况制定相应的健康教育目标和发展规划，明确青县各部门对预防慢性非传染性疾病的有关方面的具体工作要求，充分发挥政府的领导作用。其次，建立县级健康教育专业机构，充分发挥健康教育专业机构的技术支撑作用。健康教育专业机构承担着业务指导与人员培训、检测与评估等重要任务，是预防慢性非传染性疾病的中坚力量。再次，医疗卫生机构要重视健康教育工作，对医疗卫生人员进行系统的健康教育理论知识、技术指导与注意事项的培训，提高其健康教育能力，进而提升专业队伍的整体素质。最后，青县基层卫生机构要根据上级的规划，制订健康教育计划，开展健康教育和宣传工作，向

青县群众普及与慢性非传染性疾病有关的预防知识，增强公众的疾病预防意识，从根源上有效降低慢性非传染性疾病的发病率。

2. 提高基层工作人员的待遇，拓宽其职业发展道路

青县医疗卫生事业发展存在人才缺乏的问题，出现这一问题的根本原因是青县医疗卫生基层工作的待遇较低且发展前景不佳，工作吸引力较弱，难以吸引人才。要实现青县的养老服务和医疗卫生事业的稳定发展，就必须改善相应工作的待遇条件，提高基层工作的补贴标准，加大政府财政投入，以高薪资、好待遇吸引人才，建立符合青县实际的人才引进机制。

人们在选择工作时，不但考虑工作的薪资待遇，而且重视以后的发展前途。因此，青县要拓宽基层工作人员的发展道路，为他们做好职业发展规划，使其在工作一定年限后能有更高的发展平台。例如，青县政府可以通过适当放宽中级、高级职称评级条件，增强基层医疗卫生机构的吸引力，帮助基层工作人员实现更高的工作目标和人生理想。只有这样，才能为青县的医疗卫生事业提供充足的后备力量，促使其不断向前发展。

3. 积极推进医疗联合体的建设，促进医疗资源合理下沉

青县卫计局的资料显示，目前青县卫生资源指标不仅低于全国平均水平，而且与河北省平均水平也有一段差距。比如，青县县内住院比例为 73.58％。[①]这表明青县在优质医疗资源方面还比较薄弱，居民仍然有"小病去医院，大病就出省"的就医习惯。推进医疗资源的合理下沉和转变患者的就医习惯，可以通过构建医疗联合体来实现。据了解，青县已经在建设医疗联合体方面取得了一定成绩，在总结成功经验的基础上，建设高效的医疗联合体还可以从以下两个方面着手。

第一，明确医院之间收入的合理分配。医院的运营资金大体来自医院的营利收入，只有明确了医疗联合体内各级医院利益的合理分配，才能最大化激发医院的积极性与医疗联合体的活力。

第二，构建有效的人才交流模式和激励制度。医院之间人才的有效互通与交流是医疗联合体发挥其作用的重要因素，可以就以下两种方式进行深入探索：一是推动多点执业的建设，将医生在基层医疗机构工作和交流的时间、

---

① 资料来源于 2017 年 7 月 13 日对青县卫计局的访谈资料。

频率纳入医院医生的职责范围；二是采用物质激励与精神激励的办法，对与下属医院进行交流的个人给予适当的经济补贴或者对在交流中表现突出的个人进行荣誉表彰。

4. 加强基层医疗卫生队伍建设，缩小城乡医疗卫生发展差距

健康需求是人们最基本的诉求，良好的健康状态是人们生存和发展的首要条件，更是其他需求得以满足的基本前提。青县由于缺乏基层医疗卫生人力资源，制约了基层人民的健康需求和医疗卫生服务事业的发展。加强基层医疗卫生服务队伍建设，打造一支"高水平、高质量、有责任、有担当"的优秀工作团队是促进基层医疗卫生事业进步，解决城乡医疗卫生发展差距的有效途径。

首先，政府部门应当在继续加大财政投入力度的同时，制定科学、合理、有效的激励机制，支持乡镇卫生院和农村卫生所积极改善工作条件，提高工资待遇，尽力吸引优秀本科毕业生，以提升基层医疗卫生服务队伍的整体水平。其次，基层医疗卫生服务机构应加强自身工作队伍的能力建设，制订完善的培训计划和学习活动，提高工作人员的知识水平和业务能力，发挥强有力的"造血"功能。最后，加强青县能力强、条件好的医院对基层医疗卫生机构的"对口支援"建设，定期派遣专业的医疗卫生工作者到基层工作，减少基层工作负担。同时，鼓励双方服务人员进行交流与学习，进而充分发挥大医院的"输血"功能。基层医疗卫生服务机构也应积极与青县大医院建立长期稳定的合作关系，有计划、有目的地向更先进的大医院学习医疗经验和技术知识，从而提升自身的医疗卫生服务水平，为基层提供优质便利的医疗服务。

5. 改善结构与地区资源配置状况，促进青县医疗与卫生共同发展

青县在卫生事业方面的财政支出总量相对较少，卫生经费的结构配置和地区分布有待完善。首先，青县政府应不断完善卫生事业的财政支出机制。具体而言，就是将财政支出具体化，将机制与具体机构、具体项目相联系，还要保持机制的相对灵活性，并在实际工作中把握工作要求，结合实际情况适时地调整财政支出。其次，建立健全基层卫生机构的投入保障机制。青县政府对于基层开展疾病预防控制、妇幼保健、健康教育、精神卫生防治等工作所需的基础设施建设、设备购入要制订客观的、可行的、合理的发展建设资金计划，并定期及时发放资金。最后，青县政府应妥善处理好医疗事业和卫生事业发展的关系，在保障医疗事业稳定健康发展的同时，重视卫生事业的发展，尤其是预防保健工作的积极有效开展。一个地区是否应当配备高端的医疗设备取决于当地的经济实力和医疗水平，如不顾地区实际一味地购置大量的高端医疗设备，会违反医疗卫生事业的客观发展规律，进而阻碍医疗卫生事业的持续发展，甚至制约经济发展。若前期的疾病预防工作能切实做好，将极大地提高居民的健康水平，降低后期高额的疾病治疗费用，为居民减轻医疗负担，进而节约医疗资源。

附

青县中心敬老园

青县中心敬老园兴办了"老年小学"，老人可以坐在教室里学习知识。2017年5月，青县中心敬老园组织在园老人认真学习党的十九大报告，领悟党的十九大报告的深刻内涵。

老人们坐在书桌前，通过阅读书籍、阅览报纸，共同学习党的十九大精神。其中，一位80多岁的老人是一名有着50多年党龄的老党员，他大声地朗读十九大报告，并和大家一起讨论十九大报告的内容。

青县中心敬老园的护理人员带领老人详细地阅读关于党的十九大报道，为老人们讲解关于党的十九大的更多知识。老人们尽管年事已高，但是对于新闻，尤其是对于党的新闻，总是有着特别的感情与高度的热忱。

经过几十年的砥砺奋斗，国家在经济、政治等多个方面有了飞跃式的发展，经济的发展提高了人民的生活水平，为老人们带来了更好的物质生活以及更优质的服务，让老人们见证了党和国家的发展。在园老人谈及党和国家，总是满怀感恩，他们以一颗质朴的心祝愿党不断发展，国家繁荣昌盛，人民生活越来越美好。

第三章 沧州市运河区养老服务与医疗卫生服务

本章导语

围绕"十三五"时期沧州市运河区基本公共服务的发展状况，以养老服务与医疗卫生服务为切入点，调研小组在运河区通过实地调研、座谈等形式进行了社会调研。通过调研，调研小组发现：近年来，区政府通过开展尊老金制度、购买居家养老服务、建立国医堂和推行医养结合等地方性公共服务建设活动，使运河区养老服务与医疗卫生服务建设不断完善，服务水平显著提高。但建设过程中也存在社会供需矛盾突出、财政投入不足、体制建设不完善以及其他地方性问题。为了进一步提升区域基本公共服务建设水平，笔者运用社会学和社会保障学的相关知识，结合运河区基本公共服务发展中存在的实际问题，提出：弘扬运河文化，打造公共服务"新名片"；扩大公共服务财政支出，深化区内体制机制改革；依托京津冀协同发展战略，打造公共服务互利共补体系；提升服务人员专业化水平，推进公共服务规范化建设等。

党的十九大报告指出："文化是一个国家、一个民族的灵魂。文化兴国运兴，文化强民族强。"北京大学李孝聪教授强调，申遗成功是续写大运河当代故事的开端，接下来更为关键的是如何实现运河文化资源的科学保护、传承利用和运河沿线区域的全面发展。

2017 年，"大运河文化带建设"拉开了序幕。调研小组在此时代背景下，以运河沿线公共服务为视角，通过调研沧州市运河区养老服务与医疗卫生服务现状，探究大运河文化带公共服务的时代含义。

一、沧州市运河区的基本概况

(一)运河区简介

1. 地理位置

大运河沧州段，南起吴桥，北至青县，流经 7 个县市，全长约 253 千米。运河区作为"入沧首站"，地处沧州市区西部，京杭大运河正穿南北，故名"运河区"。运河区东以南北大街为界，与新华区相邻，南、西、北三面皆与沧县接壤，南北长约 15 千米，东西长约 13 千米。其地理位置优越，占有"京津冀走廊"的区位和交通优势，307 国道、石黄高速公路等横贯东西，北距天津约 120 千米、距北京约 240 千米，西距石家庄约 221 千米，东距黄骅港约 90 千米。

2. 行政区划

1980 年运河区建立，是大运河流经的所有城市中唯一一个以运河命名的城区。1997 年，撤销沧州市郊区，南陈屯乡、小王庄乡(1999 年 12 月改为镇)并入运河区，运河区成为沧州市主城区之一。[①] 2002 年 3 月，沧州市委、市政府对城区社区管理体制进行改革，以调整后的居民委员会所辖区域作为社区地域，并命名为社区居民委员会。2011 年，运河区对已纳入城区行政区划的新建小区、旧城区改造的居民区和条件成熟的城中村，按照"便于管理、便于服务、便于居民自治"的原则确立管辖范围，适时新建、调整社区，新增社区 12 个，调整社区 10 个。2014 年撤销社区 1 个，增设社区 7 个。2016 年增设社区 2 个，增设调整后的社区共 59 个。[②]

---

① 资料来源于 2017 年 7 月 14 日对运河区民政局的访谈资料。
② 资料来源于沧州市运河区发改委提供的资料。

3. 经济发展

"十二五"期间运河区谋划实施亿元以上重点建设项目 150 多个，总投资 1338 亿元，三大产业结构优化调整为 0.75：25.85：73.40，服务业增加值占比提高 4.9 个百分点，经济发展的结构层次和质量效益不断提升，产业转型成效显著。

在"十二五"末期，运河区经济综合实力显著增强，全区地区生产总值达到 227 亿元。2015 年，社会消费品零售总额达 82.49 亿元，约是 2010 年的 3 倍，城镇居民人均可支配收入、农村居民人均可支配收入分别达到 2010 年的 1.8 倍和 2.0 倍(见图 3-1)。运河区各项主要经济指标增速较快，人均收入显著增加，但城乡人均收入差异较大。

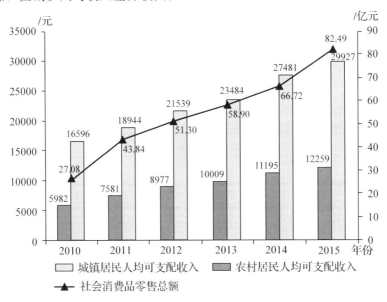

图 3-1　2010—2015 年运河区主要经济指标

资料来源：运河区统计局的统计数据。

(二)运河区文化与公共服务

1. 运河区文化特点

大运河既是南北交通的大动脉，又是文化交流的传输带。大运河沧州段的历史可追溯到东汉末年。建安十一年(206 年)，曹操北征开凿平虏渠。隋朝进一步疏浚后，沧州境内的运河基础河段基本形成。宋朝，这里的运河被称为"御河"，清以来称"南运河"。

作为沧州市民族宗教重点县（市、区）之一，运河区辖区内有数个市级宗教活动场所。运河区还是一个少数民族聚居的区域。其中，区域内回族人口约占少数民族总人口的 76％，在分布上呈现"大聚集，小分散"的特点。[①]

2. 运河精神与公共服务

运河区在"十三五"规划中，以培育践行社会主义核心价值观为主，突出精神文明的示范带动地位，实施文化创区、文化强区战略，挖掘传统文化，发展现代文化，全力构建彰显运河人文特点的道德文化体系，致力于打造文化之城、好人之城。

随着运河区经济的高速发展，区政府充分发挥了在基本公共服务建设中的主导作用，宣传弘扬"团结和谐、真诚服务、勇于负责、无私奉献"的运河精神，从运河区人民的实际需要出发，坚持实事求是、勇于创新的精神，使运河精神与公共服务精神相契合，保证了一件件民生工程的顺利完成。运河区在基本公共服务建设中，取得一项项优异成绩，与区政府深入贯彻"以民为本、为民解困、为民服务"的工作宗旨密不可分。

二、沧州市运河区的养老服务

（一）发展状况

截至 2017 年 6 月，运河区 60 周岁及以上的老年人约 6 万人，约占运河区总人口的 16％，其中 80 周岁及以上老年人 5141 人，可见运河区人口老龄化形势严峻。[②] 此外，受养老观念和经济收入的影响，区内养老以家庭养老为主要模式。

为推动区内养老服务建设，区政府不断增加财政投入，加大政策扶植力度。2012 年，运河区在全市首创尊老金制度[③]。据统计，截至 2017 年 6 月，

---

① 资料来源于 2017 年 7 月 14 日对运河区民政局的访谈资料。
② 资料来源于 2017 年 7 月 14 日对运河区民政局的访谈资料。
③ 资料来源于 2017 年 7 月 14 日对运河区民政局的访谈资料。

共发放尊老金 1210 万元。① 此外，运河区立足区情，针对区内老年人人数多、床位不足、以居家养老为主的情况，在全市率先开展政府购买养老服务。为提高居家养老服务质量，在 2016 年年初，开始实施《运河区居家养老服务暂行办法》②。居家养老服务的顺利开展成为运河区公共服务建设中的一大特色，居家养老服务由沧州市政府出资，于 2017 年 5 月正式实施。

"十三五"以来，区内关于养老服务的建设现状可概括为如下 4 点：一是加快社区养老服务站建设，在"七室一堂"③标准上，完善社区社会化养老服务基本功能；二是稳步推进农村幸福院建设，解决农村老年人养老问题；三是探索实行政府购买居家养老服务，建立更加完善的居家养老服务体系；四是建立完善养老服务绩效考核系统，实现对养老服务质量的绩效追踪。运河区"居家养老为基础、社区养老为依托、机构养老为补充"的养老服务体系正在日趋完善，养老服务正由传统补缺型向适度普惠型转变。

(二)建立养老服务体系

1. 建设社区养老服务站

2017 年，运河区全区 59 个社区除新增社区外均建有社区养老服务站，床位 200 余张，重点打造了 46 个典型示范点。政府投资 200 余万元，为社区养老服务站购置床、空调、棋具等设施，涉及生活服务、医疗保健、娱乐休闲、安全防护、办公五大方面。④ 此外，社区养老服务站的建设均按照"七室一堂"的标准，来满足社区内老年人多元化的需求。

以朝东社区为例，该社区养老服务站的功能分区明显，依照"七室一堂"

---

① 资料来源于 2017 年 7 月 14 日对运河区民政局的访谈资料。

② 《运河区居家养老服务暂行办法》是由运河区民政局于 2015 年 12 月 7 日发布的。政府购买居家养老服务保障对象为年满 60 周岁、具有运河区户籍一年以上，符合下列情形之一的老年人：社会散居的无劳动能力、无生活来源、无法定赡养人或法定赡养（抚养）人无赡养（抚养）能力的老年人；失独老人；低保对象中的失智、失能、重度残疾、空巢或仅有重度残疾子女并与之居住的老年人；重点优抚对象及市级以上劳模中的失智、失能、重度残疾、空巢或仅有重度残疾子女并与之居住的老年人；80 周岁及以上的老年人。

③ 按要求为老人设置休息室、就餐室、棋牌室、健身室、医疗保健室、调解室、传媒室和老年课堂。

④ 资料来源于 2017 年 7 月 14 日对运河区民政局的访谈资料。

的标准，设置了休息室、就餐室、棋牌室、健身室、医疗保健室、调解室、传媒室和老年课堂。"七室一堂"的设置基本上满足了老人在生活照料、医疗保健、文体娱乐、精神慰藉等方面的需求。为了方便老人活动，朝东社区将多数活动室设在一楼，彰显出以人民为中心的服务理念。此外，朝东社区贯彻医养结合原则，社区卫生服务中心也设于一楼，使其与老年服务站相邻。

除为社区内老人提供"七室一堂"的服务外，为保证老人身心健康，社区养老服务站在每个季度为老人提供免费体检。在丰富老人生活的基础上，社区养老服务站定期举办晚会活动，真正实现老有所乐的目标。在解决老人的生活难题方面，社区养老服务站不定期邀请医疗方面的相关人员，举办知识讲座，提供现场免费咨询。社区养老服务站还积极组织低龄的健康老人参与志愿活动，激发他们投身社区养老建设的热情。

据社区负责人介绍，运河区社区均通过"一站式"办事大厅，将住房保障、社会救助发放金、城镇居民医疗保险、民政残联救助、群众工作站等多窗口统一设置在便民服务业务代办点。社区针对社区老年群体还专门开通了绿色通道，可以直接为老人提供免费人事代理代办服务。此外，朝东社区为满足老人互相交流、自由阅读的需要，专门设置了老人阅览室、书画室。同时，针对老人携带照看幼童而不便参与活动的情况，开设了河北省首家公益阅读图书室，并配有专业老师辅导幼童。

2. 发展区中心敬老院

通过走访运河区民政局，调研小组了解到区内无公立养老机构，截至2017年7月，已注册登记的民办养老机构共3家，有2家在建大型养老公寓，床位约1300张，可改善区内养老机构床位紧张的局面，满足不同层次的养老服务需求。

以本次走访的沧州市运河区中心敬老院（又名银鹤老年公寓）为例，其占地面积14000余平方米，居住环境幽雅，如图3-2所示，建筑设计从老人角度出发，采用无障碍设计。敬老院内以平房建筑为主，建有凉亭、菜园、花园、小型喷泉等，努力打造出像家一样舒适和温馨的生活环境。院内工作人员分工明确，服务热情周到，有效体现出"视老人为父母"的办院理念。院内配套设施齐全，能满足入住老人的医疗保健、生活护理、心理服务、饮食健康、文化娱乐等多元需要。据刘院长介绍，敬老院根据不同层次老人的需求，提供自理、半护、全护、特护 4 种护理模式。此外，该院还承接了运河区部分五保老人的养老责任。

图 3-2　运河区中心敬老院

图片来源：调研小组于 2017 年 7 月 14 日摄于运河区中心敬老院。

3. 建设农村幸福院

2012 年以来，运河区为解决农村养老问题，按照"村级主办、政府支持、社会参与、互助服务"的原则，利用农村闲置的校舍、集体房屋等场所进行扩建，建立农村幸福院，致力于提升农村老人的生活质量。农村幸福院结合本村实际，按要求建有文娱活动室、日间照料室、医疗保健室、图书阅览室、厨房、卫生室等，为农村留守、空巢、独居老人提供生活照料、沟通交流、精神慰藉、健康体检指导等养老服务。2016 年 3 月，为推进城乡发展一体化，提升农村公共卫生服务和养老服务水平，实现卫生和养老资源有序共享，在农村幸福院的基础上，运河区提出要建设"农村颐养园"。2016 年，运河区全面启动医养结合农村养老新模式，投资 60 余万元，新建 8 所、改建 4 所农村颐养园，6 月全面投入使用。

(三)发展特色养老服务

1. 实行尊老金制度

运河区秉承尊老、敬老、养老美德，在沧州市率先建立了尊老金制度。从 2012 年 6 月开始，由区财政出资，对具有运河区户籍的年满 80 周岁及以上的老人每人每月发放 50 元的尊老金，满足条件的老人可在社区(村)领取。尊老金执行社会化发放制度，资金直接打入老人的银行卡中。

图 3-3 为 2012—2016 年运河区尊老金发放支出情况，经统计共发放 1059 万元。随着尊老金发放金额的逐年递增，越来越多的区内高龄老人享受到了区经济发展成果，真切地体会到了政府对老年人的关怀。在区政府的主导下，运河区敬老、养老的良好风气得以弘扬。

图 3-3   2012—2016 年运河区尊老金发放支出情况

资料来源：2017 年 7 月 14 日对运河区民政局的访谈资料。

2. 开展政府购买居家养老服务

为解决区内居家养老服务难题，运河区在全市率先出台了《运河区居家养老服务暂行办法》，符合规定的 5 类运河区老人每月享有 100～200 元的政府购买居家养老服务补助。运河区政府按照"政府主导、政策扶植、社会参与、市场推动"的思路，通过招投标确立了社会承接力量。2016 年 5 月，运河区居家养老服务平台正式投入使用，其服务内容涉及生活照料服务、家政服务、精神慰藉服务、康复保健服务、紧急救助服务和其他服务 6 大板块。

通过参观沧州市运河区绿色家园居家养老服务中心①和访谈其负责人张女士，调研小组了解到该平台运用互联网技术建立起翔实的"老年信息数据库"，利用信息化、智能化呼叫服务系统，实现全方位、信息化、综合性的居家养老服务。本系统可实现以下功能：一是通过平台的呼叫服务中心以及"一键通"呼叫终端，全区老人可享受全天 24 小时综合性居家养老服务；二是安装有"一键通"功能的老年智能通讯，可实现紧急呼救服务；三是可提供居家养老服务卡定时、定期充值服务；四是居家养老服务绩效考核系统的应用，建立起各商家的服务质量信息数据库，实现对养老服务质量的绩效追踪，为服

---

①   绿色家园居家养老服务中心是经沧州市运河区民政局批准成立的民营非企业，也是运河区政府"居家养老服务"政府采购招标项目的中标单位。

务质量保驾护航。① 此外，居家养老服务较机构养老服务具有成本较低、覆盖面广、服务方式灵活多样等特点，有力地缓解了区内养老形势严峻的难题。政府购买居家养老服务，推进居家养老服务平台的建设，对惠及民生、打造运河区智慧社区具有重大作用。

3. 推行志愿服务

运河区自 2012 年开展"敬老养老年"建设开始，依托社区志愿者团队，组建由社区党员带领的、由各类爱心人士构成的敬老服务志愿者队伍，通过一对一、一对多、邻里互助等方式建立起老年志愿者长效服务体系。各社区（村）广泛开展各类志愿活动，如社区舞蹈队慰问敬老院老人、区志愿者圆老人"逛新城"梦、区志愿团队慰问独居老人等。运河区中心敬老院的 3 位老人反映，院内不定期会有志愿者来访，为他们提供各类志愿服务，如表演才艺、洗脚、理发等活动。运河区志愿活动的开展带动了全区关爱老人，打造出一支敬老志愿者队伍，参与人员 8000 余人。

（四）存在的问题

1. 运河区养老形势严峻，社会供需矛盾突出

在需求方面，运河区老年人口比例高，养老服务需求大。在供给方面，区内养老机构数量少，床位数量不足，公立性机构缺乏。现有养老机构、居家养老服务平台建设还处在探索完善期，养老服务经验不足。此外，养老服务种类有待增补，尤其是在精神慰藉方面。调研小组通过走访运河区中心敬老院和访问部分老人后发现，区内志愿者活动多为不定期开展，养老机构内自身文娱设施不健全，导致院内老人的文娱活动少、形式单一。

2. 发展资金投入不足，基层人员积极性欠缺

调研小组在运河区民政局进一步了解到，目前已建成的农村幸福院普遍存在设施有限、配套设施不完善、设施利用率不高等方面的问题，政府补贴难以满足农村幸福院建设需求。此外，基层人员工资较低，难以吸引和留住人才，导致基层活动开展缓慢。因此，针对基层人员不足、难以调动干部积极性与缺乏组织性人才等难题，亟待加强基层工作队伍力量建设。

---

① 资料来源于绿光家园居家养老服务中心负责人提供的资料。

三、沧州市运河区的医疗卫生服务

（一）发展状况

自 1990 年以来，运河区积极贯彻落实国家的医疗政策，机构建设发展迅速，监督体系逐步健全，医疗卫生事业取得了长足进展。2007 年 9 月，运河区被省政府命名为"河北省社区卫生服务示范区"。2010 年 3 月，运河区被国家中医药管理局命名为"全国中医药特色社区卫生服务示范区"。由此，运河区逐步形成了"大病进医院，小病在社区"的医疗卫生服务新格局。

运河区在"十三五"规划纲要中明确提出如下内容。一是要加强基层医疗服务体系建设。鼓励和支持民营医院、养老院、专科医院、社区卫生服务中心发展。加快全科医生培养，实现合规基层医疗机构全覆盖。二是健全公共卫生服务体系。增加疾病预防控制中心、急救站站点的建设数量，健全基本公共医疗卫生服务体系，提高公共卫生服务和突发公共卫生事件应急处置能力。多渠道、多形式开展疾病预防教育到社区、到村镇活动，疾病预防控制中心主要能力建设和业务指标达到全市较高水平。三是要提高基层中医药工作服务水平。投入专项资金，用于基层中医药适宜技术服务能力建设，改善中医诊疗环境和配备中医诊疗设备。社区卫生服务中心、社区卫生服务站按要求统一制定中医健康档案标准。

（二）医疗服务建设

1. 贯彻医疗保险政策

调研小组通过走访运河区人社局了解了相关政策及数据，具体情况如下。

运河区设两种医疗保险。一是城乡居民基本医疗保险，具有本市户籍且未参加城镇职工基本医疗保险的城乡居民或有公安机关签发居住证的非本市户籍人员均可参保登记。二是城镇职工医疗保险，本辖区内的城镇所有企业、机关、事业单位、社会团体、民营非企业单位、有雇工的个体工商户，以及在职职工和退休人员，都要参加医疗保险。2017 年，运河区城乡居民基本医疗保险参保人数共计 172850 人，据统计，南陈屯乡参保人数 43106 人，小王庄镇参保人数 32402 人，陈镇参保人数 97342 人；城镇职工医疗保险参保人数共计 38480 人。

城乡居民基本医疗保险报销标准规定，参保居民在定点医疗机构发生的符合政策规定的住院医疗费用，起付标准以下部分由个人承担，起付标准以上最高支付限额以下的部分，由医保基金按照一定比例支付，其余由个人承担。运河区依托社会保险公共服务体系，实现了参保登记、基金征缴、权益记录、待遇支付等一体化管理服务。以上措施的实施既避免了重复投入、多头建设，又减少了重复参保、重复补贴，极大地降低了行政成本，提升了公共服务效能。

从地方实践看，现行制度整合成效显著。一是群众普遍得到实惠，医保制度更显公平性。运河区在实践中采取"缴费就低不就高、待遇就高不就低、目录就宽不就窄"的办法，使居民医保制度的公平性显著增强，特别是农村居民医疗服务利用水平与保障水平均有普遍提高。二是增强了医保基金的互助共济能力，有利于发挥医保对医疗改革的基础性作用。

2. 医疗机构建设

2017 年 7 月，调研小组通过实地调研了解到，运河区卫计局所辖医疗机构共 5 家，分别是运河区医院、运河区眼科医院、运河区老干部门诊部、南陈屯乡卫生院和小王庄镇卫生院。据区卫计局接待人员介绍，这些机构原有基础较差，管理滞后，服务能力欠缺。为了改变这种局面，运河区卫计局借助实施新型农村合作医疗的有利时机，大胆探索新方法，对运河区医院和小王庄镇卫生院实行托管。托管创举实现双赢，在运河区市级医疗单位实现其战略和经济改革的目的的同时，区属医疗机构也能借助大医院的实力使自身得到迅速发展，提升对辖区居民的医疗服务水平。

图 3-4、图 3-5 为运河区所辖医疗机构基本情况统计图，由图可知，运河区各医疗机构配备差异较大。在卫生技术人员构成上，运河区医院各类卫生技术人员配备齐全，且技术人员总数最多。在医疗设备配置上，尤其是万元以上设备的配置上，运河区眼科医院独具优势。在病床配置上，运河区老干部门诊部病床仅 3 张，数量上明显低于其他医疗机构。

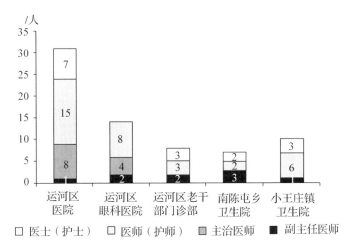

图 3-4　运河区所辖医疗机构卫生技术人员构成

资料来源：2017 年 7 月 14 日对运河区卫计局的访谈资料。

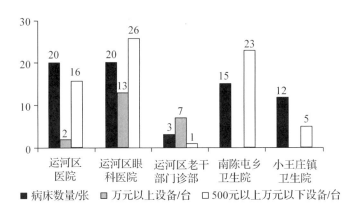

图 3-5　运河区所辖医疗机构医疗设备及病床数量

资料来源：2017 年 7 月 14 日对运河区卫计局的访谈资料。

　　在社区医疗卫生机构的建设上，自 1998 年以来，运河区不仅制定了《开展社区卫生服务工作的实施办法》，建立并完善了《社区卫生服务定期量化达标管理办法》，还加大了监督检查力度，规范和提升了社区卫生服务工作标准。截至 2010 年，社区卫生服务机构共 35 家，包括 6 个社区卫生服务中心、29 个社区卫生服务站。其中，河北省社区卫生服务培训基地 1 个(水月寺卫生所)；河北省社区卫生服务示范单位 4 个(花园社区站、南湖社区站、四合社区站、西环中心)。① 现全区形成了公立、民办、集体办多种形式的社区卫生服务机构共存的局面。

3. 存在的问题

(1)医疗政策落实存有阻力，异地就医报销困难

调研小组通过走访运河区医疗机构，了解到在实践中政策落实存在一些问题。最突出的一个问题是异地居住人员医疗费报销存在困难。目前，退休人员回原籍定居或随子女异地生活的老人不在少数，他们一般选择在生活地就医，但对于医疗保险关系转移接续办理政策不甚了解，费用报销十分不便。

(2)社区医疗卫生基础薄弱，医疗体系建设进展缓慢

已建成的社区医疗卫生机构存在基础设施设备不足、卫生服务人才匮乏的问题。调研小组在运河区卫计局获得的访谈资料显示，各社区在主要医疗设施、医务人员配备上存在显著差异。以花园社区站和四合社区站两个社区卫生机构为例，两者主要设施配置情况分别为 30 台和 14 台，医务人员配置情况分别为 44 人和 6 人。此外，社区医疗卫生服务与预防保健机构、医院合理分工的协作关系差，分级诊疗、双向转诊和社区首诊制度还不完善。社区医疗卫生服务机构仍存在任务落实差、发展缓慢等现象。

(三)卫生服务

1. 疾病防治与地方性疾病防治

2017 年 7 月 14 日，调研小组在走访运河区疾病预防控制中心(以下简称运河区疾控中心)时了解到，运河区典型的地方病为碘缺乏病和氟中毒。除南陈屯乡(该乡为高碘乡)居民饮用水中的碘含量高于国家标准外，运河区其余地区均属于缺碘区。运河区疾控中心每年都对辖区内居民进行入户采样并进行碘含量检测。在 59 个自然村中，有 16 个符合国家标准，其余 43 个自然村属于地方性氟中毒病区范畴，共计 54616 人饮用高氟水。

针对碘缺乏病防治，运河区疾控中心每年对需要补碘的 1 个镇、6 个办事处采集 300 份食盐样本，对不需要补碘的南陈屯乡采集 60 份食盐样本。此外，在每年 5 月 15 日全国"碘缺乏病防治日"积极开展宣传活动。针对地方性

---

① 资料来源于 2017 年 7 月 14 日对运河区民政局的访谈资料。

氟中毒病防治，运河区疾控中心对 59 个自然村的居民生活饮水进行元素含量检测，并且将检测结果一并上报给上级主管部门。运河区统计数据显示，截至 2010 年，受益人口达到 13303 人。

氟中毒是危害人们身体健康的疾病，可引起氟斑牙、氟骨症，严重影响当地居民身体健康和生活质量。沧州市未改水区的人群受到饮水氟中毒的威胁，运河区水的氟含量过高现象较为严重。

20 世纪 80 年代，运河区进行改水降氟，但由于水源及管理原因，不能彻底解决高氟问题，因此，调用外部低氟水源是改水降氟和解决水资源短缺的根本措施。引用黄河水、长江水和使用净化设备是为每村改变饮用水源的重要举措，运河区疾控中心和运河区水务局共同担负改善水质的责任。其中，运河区疾控中心的主要任务为：一是每年负责整理水源信息动态变化，检查饮用水安全问题；二是针对当地村民的净水设备因陈旧、不正常工作，运河区疾控中心负责下乡采取水源信息，解决水质量问题。

在传染病防治中，运河区疾控中心的预防治疗工作突出。2009 年，甲型 H1N1 流感暴发，运河区疾控中心先后在医院、学校、街道等地进行了 6 次预防流感培训，共培训 500 余人。2010 年以来，运河区疾控中心为应对疾病防治，继续加强常规免疫接种。工作人员介绍，运河区疾控中心制订了"健康教育工作计划"，深入辖区内宣传乙肝、结核的防治知识，积极开展健康教育"万步有约"活动，利用广播、会议、画报等多种方式号召居民积极参与。

2. 妇幼保健

运河区妇幼保健站的主要工作是妇女保健和儿童保健。随着惠民政策的不断实施，妇幼保健站的工作受到社会的广泛关注。

在妇女保健方面，该站承担全区育龄妇女的妇女病体检工作、婚检工作和孕产妇的系统管理工作。2009 年起，孕妇需要办理母子保健卡和孕产妇保健手册，按照需要进行孕期保健检查及接受健康指导，产后有保健医生定期访视。这些措施利于降低孕产妇死亡率，提高出生人口素质。2010 年，运河区妇幼保健站配置了妊高征预防检测仪、妇科盆腔治疗仪，专业仪器的配置提高了其工作效率与诊断准确率。

在儿童保健方面，儿童保健涉及散居儿童和集体儿童的健康管理工作，全区的儿童保健工作重点围绕降低新生儿、婴幼儿、学龄前儿童的发病率和死亡率开展。调研小组在走访妇幼保健站时未能获取近年相关统计数据。据运河区妇幼保健站统计,1990—2010 年运河区 0～6 岁儿童系统管理率一直保持在 85％以上。如表 3-1 所示,2009 年儿童入园体检人数为 3744 人,儿童在园体检人数为 5225 人,保育员体检人数为 461 人。

表 3-1 2000—2010 年运河区儿童保健统计表

单位:人

年份	儿童入园体验人数	儿童在园体检人数	保育员体检人数	儿童乙肝表面抗原阳性	铅中毒	教师乙肝表面抗原阳性	微量元素检测
2000	1824	3205	—	—	—	—	—
2004	2315	3706	—	—	—	—	—
2005	2910	4728	425	17	—	—	—
2006	3230	4135	339	11	3	—	519
2007	1416	3307	231	7	—	1	—
2008	2793	4588	499	8	—	—	—
2009	3744	5225	461	5	—	—	—
2010	3965	5000	526	6	—	3	—

资料来源:2017 年 7 月 14 日对运河区妇幼保健站的访谈资料。

3. 健康档案与接种防治

服务站建档对象为 7 岁及以上人群,社区卫生服务中心和卫生院建档对象为全部人群,用于诊疗活动及健康管理。建档工作遵循以辖区为服务范围,以家庭为服务单位,以签约人群为服务对象的原则,强化对重点人群专项档案的规范建档。居民健康档案内容包括个人基本信息、健康体检、重点人群健康管理记录和其他医疗卫生服务记录等。不同人群的建档方式不同,居民的健康档案既可以在为居民提供入户调查、疾病筛查、健康体检等上门服务时建立,又可以在居民到基层卫生服务机构就诊时建立。在使用居民健康档案时应注意,已建档居民到基层卫生机构复诊时,应持居民健康档案信息卡,接诊医生在调取其健康档案后,根据复诊情况,及时更新、补充相应记录内容。

预防接种管理由社区卫生服务中心和卫生院负责完成,具体包括为辖区内 0～6 岁儿童建立预防接种证和预防接种卡，按规定为适龄儿童接种疫苗。此外，0～6 岁儿童健康管理由社区卫生服务中心和卫生院负责完成，具体包括开展新生儿访视、建立儿童保健手册和满月后随访等工作。

4. 卫生监管

1997 年年底，区卫生防疫站和妇幼保健站合并为区防保中心。2004 年，区防保中心又分设为区卫生防疫站和妇幼保健站。至 2010 年，运河区卫生防疫、卫生监督公益性全额事业单位共 8 个，具体包括运河区疾控中心、运河区卫生监督所、南环卫生所、西环卫生所、南湖卫生所、公园卫生所、水月寺卫生所和区地方病防治办公室。由合到分使得运河区卫生监督、卫生管理的职能更加具体化、明确化。

如表 3-2 所示，无论是在人员分配还是在设备配置上，运河区各卫生服务机构都以疾控中心和卫生监督所最具优势。配置上的显著优势在卫生防疫、疾病防治、检测采样等方面发挥了重要作用，促进了卫生监督工作的有力开展。

表 3-2　运河区各卫生服务机构基本配置情况

机构	人数/人	副主任医师/人	主治医师/人	医师(护师)/人	医士(护士)/人	万元以上设备/台	五百元至一万元设备/台
运河区疾控中心	37	—	11	5	8	10	80
地方病防治办公室	19	1	1	1	—	—	—
运河区卫生监督所	37	—	8	7	2	3	21
南环卫生所	8	1	1	1	1		4
西环卫生所	7	—	—	1	5		2
南湖卫生所	15	—	2	2	5	3	14
公园卫生所	10	—	2	2	3		3
水月寺卫生所	10	1	2	—	4		6

资料来源：2017 年 7 月 14 日对运河区卫计局和运河区疾控中心的访谈资料。

5. 存在的问题

(1) 社区卫生服务供需矛盾显著，运行机制待完善

运河区社区卫生服务运行机制亟待完善，监督管理、队伍建设工作亟待加强。卫生服务供给水平与广大人民群众的需要仍存在较大差距，各社区医

院医护人员、医疗设施数量配置差异较大，预防保健、基本医疗等服务正处于新兴发展状态，现阶段社区医院仍难以满足居民的健康需求和疏解大医院就医压力。此外，区内群众看病难、看病贵、异地报销等问题也亟待解决。

（2）地方性缺碘疾病尚未根治，区内水质隐患令人担忧

通过走访运河区疾控中心，调研小组了解到，运河区疾控中心每年都对辖区居民的食用盐进行入户采样并进行碘含量检测。疾病防治工作虽然取得一些成效，但是仍有部分居民受高氟水的危害，饮用水水质令人担忧。

（四）特色医疗卫生服务

1. 建立国医堂

运河区卫计局将国医堂建设作为重点工作之一。2017年，运河区完成了8个国医堂建设工作，率先在沧州市完成了国医堂建设全覆盖的目标。

调研小组走访了运河区具有中医特色的社区医院，该社区医院在很大程度上展示了中医所蕴含的优秀传统文化。院内整个二楼即国医堂，设有中药房、按摩室、中医诊室、针灸室、中医骨伤科、化验室、熏蒸室、艾灸室、牵引室和足疗室等科室。在二楼长廊里，我国古代名医张仲景、孙思邈、华佗、扁鹊等的图片及中医文化常识随处可见。此外，该社区医院在治疗中推进中西医结合、协调发展，弘扬优秀中医文化精粹。2017年，该社区医院还承担了运河区民政局赋予的一项新职能，即提供上门保健服务，此举进一步推动了中医文化进社区、进家庭的进程。

2. 推行医养结合

医养结合在于整合养老和医疗两方面资源，为老年人提供多样化服务。在农村，致力于打造农村幸福院，如依托村级卫生室，将农村幸福院选址在与卫生室邻近位置，并招聘专职健康管理员驻派各幸福院，此举高效整合了农村医疗卫生和养老服务资源，为农村老年人提供了便捷的医疗保障和养老服务。而在社区，以走访的朝东社区为例，社区医院依托社区卫生服务站，将养老服务站设置在一楼，实现了医疗卫生和养老资源的有序共享。此外，调研小组通过走访运河区医院了解到，"医养服务"也是该院特色服务之一，该院在为院内老人提供基础护理服务的同时，配以专业的定期检查、疾病诊治服务。老人可根据自身意愿，选择日托、周托服务。

四、发展沧州市运河区养老服务与医疗卫生服务的建议

（一）弘扬运河文化，打造公共服务"新名片"

立足运河区区情，传承、创新运河文化，推动运河文化建设和养老服务与医疗卫生服务建设相结合。

首先，注重运河文化遗产的传承，在保护运河遗迹的基础上，推动运河区"运河文化"产业发展。运河区政府通过挖掘沿河非物质文化遗产，在保护和传承民间工艺、民俗文化的基础上，探索当今"运河文化"的新含义。

其次，注重"互敬互爱"的运河精神的贯彻落实，真正探索出一条具有传承运河文化精神的现代养老服务发展之路。运河区政府深入发展以居家养老为主、社会化养老服务为辅的养老服务模式，着力推广适用于老年人的居家养老服务，构建"公益化为前提、社会化为基础、市场化为补充"的信息化、智能化的虚拟线上敬老院运营模式，有效推动居家养老服务行业持续、健康、快速发展。另外，逐步扩大运河区社区养老服务站与农村幸福院的规模，增加养老床位。通过完善机构内养老服务设施、培训服务人员、增补服务内容等措施，不断提升辖区内养老服务的专业化水平。

最后，在医疗卫生方面，对于碘缺乏病、氟中毒等地方性疾病，不仅要从检测工作入手，而且要进行碘缺乏病高危监测，抓住应急补碘工作重点，探索氟中毒的源头。区政府充分发挥在养老服务与医疗卫生服务建设中的主导作用，坚持以人民为中心、真诚服务、实事求是的原则。在碘缺乏病上，重新确定应急补碘范围和人群，对特需人群开展应急补碘工作；在氟中毒上，结合燃煤污染型地方性氟中毒检测和饮茶型地方性氟中毒检测，进行多方面源头探索工作。通过充分弘扬发展"团结和谐、真诚服务、勇于负责、无私奉献"的运河文化，使运河精神融入养老服务与医疗卫生服务建设之中，打造出符合当地发展、具有当地特色的公共服务"新名片"。

（二）扩大公共服务财政支出，深化区内体制机制改革

为加强民生服务建设，区政府要继续扩大政府养老服务与医疗卫生服务财政支出，扩大公共财政投资规模，加强基础设施建设，提升区域基础设施

服务水平。此外，还要完善政府财政监督职能，建立财政支出的绩效考评制度，保证民生服务建设真正"得民心、顺民意、惠民生、解民忧、暖民心"。

区政府要充分发挥财政建设的主导和保障作用，利用宏观政策与微观措施相结合的方式，推进区内全方位改革。宏观上，对区内养老产业给予支持性政策扶植，为其发展构建良好环境；微观上，完善基本公共服务设施，推进政府购买养老服务与医疗卫生服务，促进区内居家养老服务平台、农村幸福院、尊老金制度和医养结合模式等持续健康发展。

深化区内体制机制改革，要深化基本医疗保险制度改革。第一，建立统一的城乡居民基本医疗保险制度，加快推进医疗保险关系转移接续和异地就医直接结算服务，全面实现省内异地就医直接结算，跨省异地安置退休人员住院医疗费用直接结算。第二，健全医保支付机制与利益调控机制，形成规范医疗机构行为和激发控制成本的内生动力。这一措施将有效促使运河区内的医院合理收治与转诊患者、合理用药和控制救治成本，有利于引导群众有序就诊，在一定程度上解决辖区内居民面临的就医难、看病贵等问题。

(三)依托京津冀协同发展战略，打造公共服务互利共补体系

要发挥地处"京津冀走廊"的区位和交通优势，深度对接京津，提高协同发展水平，解决区域养老服务与医疗服务的供需矛盾。运河区要做好精准对接工作，立足本区公共服务建设发展，认真学习、引进先进经验，践行共享发展理念。在养老服务与医疗服务建设上，要发挥区政府的主导作用，推进政府部门通力合作，整合养老服务与医疗卫生服务资源，合理破解跨区域养老、卫生医疗服务方面的障碍，逐步缩小区域差异，推动实现供需合理配置。

在养老服务方面，除探索开展跨区域购买养老服务、疏解京津养老需求外，还构建政府主导、社会参与、多元投入的养老服务发展新模式。当地政府应吸引鼓励社会资本进入养老服务产业，探索、推广政府与社会资本合作新模式，进一步激发民间投资活力，推进经济和社会的良性互动、协调发展，推动供需均衡。在医疗卫生服务方面，积极鼓励与京津医院进行合作，实现医疗资源的共建共享。配合完成京津冀医保支付异地一站式结算，促进医疗资源配置均等化，打造"一卡在手，随处就医"的京津冀就医新局面。

(四)提升服务人员专业化水平，推进公共服务规范化建设

贯彻落实以人民为中心的公共服务精神，逐步提升服务人员专业化水平，推进体制机制改革，保障便民、利民、惠民工程的规范化建设。针对养老服务与医疗卫生服务建设，首先，要加强基层医疗服务体系建设，鼓励和支持民营医院、养老院、专科医院、社区卫生服务中心协同发展，实现合规基层医疗机构全覆盖。其次，在医疗人事管理方面，加快全科医生培养，提高医护人员在预防医疗、慢性病管理、健康咨询、中医保健等方面的服务能力，促进提升基层卫生服务水平。再次，组建医疗联合体，推进医疗卫生服务均等化，逐步实现基层首诊、双向转诊，促进优质医疗资源向基层下沉，切实提高基层医疗服务专业化水平。同时，完善人才引进与绩效考核机制，逐步提高基层人员待遇水平，激励专业人才充分发挥才能，积极推动运河区医疗卫生服务的发展。最后，政府还应积极激发基层工作人员工作的积极性，组织引导社会力量投资基层养老服务事业，带领广大群众开展丰富多彩的文艺活动，丰富老年人精神生活，培育社会敬老、养老良好风气，真正实现运河文化与区内养老服务的衔接。

附

医疗救助

沧州市运河区为破解特困户因病致贫难题，实行《运河区城乡低保对象大病医疗救助管理暂行办法》，区财政出资为低保对象购买商业医疗保险，患者在医保、新型农村合作医疗报销后的自费部分由保险公司按比例进行补偿，花费越多补偿越多，年获得最高救助金额可达 18 万元。

以 2014 年统计数据为例，全年累计救助低保对象 272 人，商业保险赔付医疗救助金 205 万元，最高单笔救助金额达 9.4 万元。此外，对于商业保险赔付后仍存在生活困难的家庭进行二次救助，2014 年二次救助人数达 236 人，发放救助金 98 万元，救助低收入家庭 259 人，发放医疗救助金 201 万元。

第四章 沧县养老服务与医疗卫生服务

本章导语

在京津冀协同发展的大背景下，如何建设运河景观，打造运河文化带，是京津冀地区实现一体化发展的重点问题之一。作为河北段运河流经地区之一的沧县，在运河的孕育下，有着水的灵秀。沧县人民用勤劳的双手创造了别具一格的运河文化。现存于沧县捷地的御碑苑、渐趋消失的沧县船工号子和不断发展的沧县武术都是运河文化的真实写照，它们是重要的运河记忆和运河符号。

在京津冀协同发展和大运河经济文化带发展的大背景下，调研小组以养老服务与医疗卫生服务为切入点，通过实地走访，调查研究沧县养老服务与医疗卫生服务发展状况。沧县历史悠久，运河文化底蕴深厚。县政府在运河文化背景下积极响应国家"老有所养"的养老服务发展政策和健康中国战略，大力发展养老服务与医疗卫生服务事业。虽然取得了一定成就，但也存在许多问题。养老服务方面存在养老发展形式单一、养老机构发展不规范和养老基础设施不完善等问题，医疗卫生服务方面存在医疗卫生资源的投入、分配、管理和利用不尽合理以及相关政策落实不到位等问题。针对这些问题，笔者分别从养老服务与医疗卫生服务的角度提出了推进养老院服务标准化建设、积极探索社区居家养老模式、加强养老服务安全监督，整合资源助推医养结合、建立医疗人才保障机制、加大医疗卫生监管力度、拓宽卫生经费筹集渠道及积极落实相关政策等建议，助推沧县养老服务与医疗卫生服务的发展。

一、沧县的历史回顾和基本概况

（一）建制沿革

沧县历史悠久，有 2000 多年的历史。据陈圩出土的龙山文化遗址考证，早在原始社会晚期，县境就有人类繁衍生息。春秋战国时期为燕、齐、赵三国地。秦属巨鹿郡。西汉置浮阳县，属幽州渤海郡。置县后，区域时有增减，名称、隶属几经变更。民国二年(1913 年)，改名为沧县(见表 4-1)。

表 4-1　沧县的建制沿革

时期	建制沿革
春秋战国	为燕、齐、赵三国地
秦朝	属巨鹿郡
西汉	置浮阳县，属幽州渤海郡
三国	属冀州渤海郡
晋代	冀州渤海郡封为渤海国
北魏	初属冀州沧水郡，后置浮阳郡
隋朝	开皇十八年(598 年)改浮阳为清池
唐朝	武德五年(622 年)属景州
宋朝	属河北东路沧州景城郡
元朝	属河间路沧州景城郡
明朝	明初，属北平行中书省，后改属北平布政司
清朝	初属直隶省河间府，后属直隶省天津府
民国	民国二年(1913 年)沧州改名为沧县
1949 年	属河北省沧县专区

续表

时期	建制沿革
1961 年	属沧州专区辖
1983 年	属沧州市辖

资料来源于沧县地方志编纂委员会：《沧县志》，49～50 页，北京，中国和平出版社，1995。

该表中只选取了部分时期和对应时期的部分建制沿革，并未包含完整信息。——编辑注

(二)基本概况

1. 位置区划

(1)地理位置

沧县位于河北省东南部、冀中平原东部，南运河横穿全县。县境西靠河间市、献县，北与青县搭界，东邻黄骅市，东南与孟村回族自治县相连，南与南皮县、泊头市接壤。

沧县环抱沧州市区，县人民政府驻沧州市新华区。沧县因其独特的地理位置，1988 年 3 月被国务院确定为第一批沿海对外开放县，1993 年加入环渤海经济圈。

(2)行政区划

截至 2016 年年底，青县辖旧州镇、兴济镇、杜生镇、崔尔庄镇 4 个镇，薛官屯乡、捷地回族乡、张官屯乡、风化店乡、姚官屯乡、杜林回族乡、刘家庙乡等 15 个乡(其中有 4 个回族乡)。

2. 运河文化

(1)运河记忆

一座城市因土地而富饶，因水而灵秀。沧县环绕着沧州市区，流淌而过的京杭大运河成了这座城市的一个符号。

沧县原本是九河下梢，多洪涝水害。但后来运河流经地区的河道基本都干涸了，裸露出坑坑洼洼的河床。沧县人民怀念在运河边送水、洗衣、打鱼、摸虾的时光，怀念流水汤汤、船只往来、漕运繁荣的景象，怀念运河两岸响彻千余年的船工号子，为后人诉说着运河的前尘往事。

如今满槽的河水消失了，载货的大船消失了，码头商埠消失了，喊号子的老船工也消失了，留下的就是运河孕育的深厚的历史文化。古运河研究学者夏刚草形容，运河沿岸的古墩、古庙、古塔、古桥、老街、老店、老厂、老窑以及街市的繁华景象、市民的生活习俗，犹如一幅画卷展示在人们面前。确实如此，大运河具有灌溉、防洪、排涝之用，对多个朝代的政治、经济、军事和文化的发展发挥了重要作用，也构成了独特的自然风情、人文景观和民俗民风。而流经沧县，作为京杭大运河的一部分的南运河及作为南运河分洪泄水人工河的捷地减河，以其独特的姿态创造了流动的文化和生动的历史。

南运河南起山东省临清市，在沧县由南向北流经张官屯、捷地、纸房头、姚官屯和兴济镇5个乡镇后，至兴济镇北出县境，总长度约31.9千米。1969年后，河流断流。近年，南运河主要为北京、天津等城市提供用水，发挥着南水北调输水功能。捷地减河源于捷地村西南南运河东岸，在黄骅市高尘头村入渤海，全长约83.6千米。该河在县境内全长约30千米，河床宽约50米，至今仍未断流。

捷地以其得天独厚的地理位置和独特的乡民精神，成为古运河流经沧县地域的交通要塞和重要水旱码头。当年的捷地是运河开通后的重要码头之一，因其枢纽功能，南来北往的货物在此集散转运，更因捷地碱河的分运作用，漕运运输费用远低于陆地，航运繁忙。古运河孕育了沧县独特的漕运文化，但随着陆运和空运的迅速发展，盛极一时的漕运逐渐消逝于沧县人民生活中，辉煌不再。

沧县运河沿岸及其附近的乡镇发现的文物古迹，如码头、渡口、石刻、墓葬、砖井、钱币窑藏等，见证了运河的变迁和沧县过去的繁荣。1988年，沧县纸房头乡前营村村民发现三座唐墓。历史学家和考古学家研究发现，此墓营建于咸通九年(868年)，墓内随葬品有陶器、瓷器和铜器等。这三座唐墓对研究沧县晚唐时期的运河文化，展现唐朝时期沧县的历史风貌具有极大价值。

在今天的沧县捷地，乾隆碑至今仍屹立于运河之畔。它是乾隆来到沧州亲笔题的御碑，见证了运河从繁荣到衰落的历史变迁过程，见证了勤劳的沧县人民用双手和智慧创造的物质和精神财富。御碑苑景观带风景优美，苑内建起了集沧州书法大家手迹的大运河碑廊。大运河孕育了沧县文化，沧县的武术、杂技等非物质文化遗产，都与运河有关。

沧县大运河不是慢慢消失的记忆，不是日渐久远的尘封历史，它所沉淀的文化会被发现、挖掘和传承。运河从城市流过，亦从人们心中流过。

（2）运河符号

京杭大运河作为孕育千年历史和文化的黄金水道，不仅为人们带来了丰富的物质财富，还给人们留下了宝贵的精神财富。沧县运河船工号子便是其中之一，它主要是沧县到天津再到河南段运河的船工号子。沧县船工号子是沧县船工为统一劳动步调，进行信息传递与交流，增加劳动情趣，提高劳动效率创造的一种民歌；体现了船工们的劳动生活，是一种独特的运河符号，展现了沧县人民的劳动风采。

沧县运河已经不复当年的辉煌，船工逐渐去世，号子民歌日渐凋零。调研小组通过走访当地老一辈居民了解到，以前捷地村户大都以养船、拉纤为业，家里穷的农民子弟就当船工或纤手，久而久之就锻炼了一批又一批的熟练船工。据一位会喊号子的老人说，他是船工中领号的人，称为"号头"。一条满载货物的船一般有上百吨，通常大船需要20余人，小的需要7～8人。拉船的多是穷人家的孩子，为养家糊口，干的是力气活，吃的是窝头咸菜，可收获的却是劳动的喜悦。踏实勤劳的民风和蓬勃向上的文化风貌，正是新一代劳动人民需要继承和发扬的运河文化。

号子在船工拉纤和传递信息的过程中发挥着重要作用。喊号子叫"打号"，号头领号，众人齐和。行船的不同阶段有着不同的号子，在这一过程中沧县衍生出冲船号、起锚号、摇橹号、拉纤号、出仓号、立桅号、跑篷号、闯滩号等10余种运河号子。除了起锚号是由大家无旋律地齐唱外，其余的都要领号。当船行至河道蜿蜒曲折处，或突遇不规则水流漩涡时，或需与其他船只进行较远距离交流时，便是喊号子的时候，此时的船工们一鼓作气，干劲十足。沧县船工号子一般有调，却无固定歌词，部分是老一辈传下来的号子，但更多是船工即兴创作的，他们见物生情，激情演唱，如出仓号、拉纤号和闲号等。他们无论走到哪里都即兴编词，即兴演唱，好不自由。这些号子时而铿锵有力，时而柔和低回，时而抑扬顿挫，时而金鼓喧闹，同时带有沧县方言的腔调，带着运河的水气，带着沧县人民的生气，别具趣味。置身于这些号子民歌中，人们仿佛看到了当年运河舟楫往来的情景。

随着沧县南运河的断流，运河船工号子沉寂了约半个世纪，直到这些老船工被发现，它才再次出现在人们的视野中，点燃文化传承的火种。翟金荣、翟小峰、赵金岭、刘连起、张德春、韩金和、买德义这几位老船工被发现后，人们才逐渐想起大运河船工号子，但如今在世的老船工越来越少，如若沧县船工号子再不被重视，加以传承，也许几年后便再也没有人会喊大运河船工号子了。船工买德义老人在世时曾遗憾地表示，他们那一代老船工承载着运河记忆，诉说着运河故事，但如果都走了，船工号子的技艺如何延续，运河的故事如何续写。他多么希望运河号子能成为省里的非物质文化遗产，但直到他离世的那天也未能如愿。

河北省文物局保护中心信息部白主任说："运河船工号子是见证当时运河漕运功能的文化现象和文化要素，是揭示运河历史文化面貌的一种重要载体，是鲜活的、可传承的、形象的文化要素。"由此可见，沧县运河船工号子有着十分重要的意义，它向人们展现了当时沧县航运繁忙的景象，只是如今它已成为一段尘封的历史。如今我们需要做的是保护和传承运河精神与运河文化，书写新时代的运河故事。

3. 武术文化

沧县自古民间习武之风盛行。自隋代京杭大运河开通后，运河流经沧县，捷地成为大宗商品运输必经的重要码头。迫于激烈的市场竞争，各类镖行兴起，武术也随之兴盛。当时，沧州尚武，从事押镖工作的武师武艺高强，勤劳勇敢，获得了"镖不喊沧州"的称号，意思是沧州武术风行，高手如云，押船的保镖到了沧州地界自觉噤声。沧县民风淳朴，乡民正义刚强，勇敢自信，骨子里透着侠肝义胆，由此孕育了深厚的侠义文化，这也是与运河密切相关的。北宋时期，北方游牧民族屡屡犯边，朝廷鼓励百姓结社自保，习武备边，这推动了武术的普及和发展。当时出现了很多由单村或连村组成的武术群体，它们成为拳社和把式房的雏形。为提高武艺，人们结合实践，研究出许多招式。由于沧县航运繁荣，全国各地的武林人士慕名前来，与当地乡民切磋武艺，交流文化，进而推动了沧县武术文化的传播和发展。

在中国近代处于内忧外患之际，沧县武士丁发祥、王子平、佟忠义等在多种场合打败外国"大力士"，展现了沧县武术的威力。1928年，爱国将领、沧籍人张之江创办中央国术馆，将武术称为"国术"，进一步扩大了沧县武术的影响。

新中国成立以后，沧县很重视武术的发展。1979年，沧县成立武术协会，具体指导武术活动的开展；20世纪80年代，举办"沧县武术节"；1993年，沧县荣获沧州市政府颁发的"武术建乡贡献奖"；2001年，沧县率先提出武术从少儿抓起，在全县普及武术活动，掀起校校练习武术操，人人练习初级拳的群众习武、练武热潮。

如今，沧县武术已经发展为一种独特的文化符号，逢年过节各式各样的民间花会和比赛云集城乡，乡民踊跃参与，乐在其中，好不热闹。沧县武术文化作为运河的文化记忆，不仅能强身健体，丰富生活，而且是对历史文化的传承和发展，更是运河文化不可或缺的重要组成部分。

二、沧县的养老服务

养老服务机构主要包括公办养老机构、民办养老机构和社区居家养老服务中心等。

（一）发展状况

1. 供给状况

沧县养老服务事业发展较为落后，进展缓慢，目前只有1个发展相对较好的正规公办养老院——沧县民政事业服务中心。它位于沧县汪家铺乡，距县政府约15千米。沧县民政事业服务中心是一所集沧县光荣院、沧县中心敬老院、沧县社会福利院"三院合一"的综合性社会福利机构。

该养老院建筑面积约6500平方米，设计床位110张，投入使用99张。自民政事业服务中心成立后，沧县各乡镇的敬老院和福利院全部撤销，而其供养的城市居民最低生活保障对象和农村五保对象全部入住民政事业服务中心。入住对象多为缺乏经济保障的家庭贫困者，有的是无依无靠的独居老人。沧县民政事业服务中心配备医务室、康复式、活动室、娱乐室等，方便老人生活、娱乐，但设施种类较为单一，老人的日常活动方式缺乏多样性。沧县民政事业服务中心的工作人员包括护理、后勤、财务等方面的人员。

为做好各项工作，沧县民政事业服务中心制定了卫生制度、值班制度、消防制度、培训制度、安全制度、考核制度和奖惩措施等多项制度。沧县民政事业服务中心通过抓制度建设，强化服务管理，充分调动全体人员的工作积极性，努力为老人提供优质服务，使中心成为老人们满意的"温馨家园"。此外，沧县民政事业服务中心积极加强与社会力量的合作，鼓励社会公益机构和社会志愿者为老年人服务，满足机构老年人必要的物质和精神需求。

沧县县城与各村落的界限不明显，县城面积很小且各区域相对分散，县城居民居住分散。自然居住环境的限制，使沧县养老服务以机构养老和传统居家养老为主，没有社区居家养老服务中心，全县养老服务发展缓慢且落后。为补齐养老服务发展的短板，沧县加大保障制度发展力度，增加财政支出以贯彻落实养老保险制度，这在一定程度上解决了老年人的物质生活需求无法满足的问题。沧县人口普查的老龄化情况以及当地政府在养老保险方面的财政支出情况见表 4-2 和表 4-3。

表 4-2　沧县 1982 年、1990 年和 2000 年三次人口普查老龄化情况

年份	60 周岁～65 周岁（含 65 周岁）老人/人	60 周岁～65 周岁（含 65 周岁）老人占总人口比重/％	65 周岁以上老人/人	65 周岁以上老人占总人口比重/％
1982	50038	9.50	34211	6.40
1990	58459	9.50	38827	6.30
2000	64218	9.99	45797	7.12

资料来源于沧县地方志编纂委员会：《沧县志》，87 页，北京，线装书局，2011。

表 4-3　2012—2016 年沧县政府在养老保险方面的财政支出

单位：万元

项目	2012 年	2013 年	2014 年	2015 年	2016 年
养老保险	7085	9935	12652	20139	23313
城乡居民社会养老保险	7075	7919	7068	12043	10910
机关事业单位养老保险	1000	2000	2546	4268	6849

资料来源：沧县财政局的统计数据。

由表 4-2 和表 4-3 可以发现，沧县老龄化进程不断加快，人口结构不断变化，老年人口数量不断增加，养老服务需求也日趋增加，社会养老压力增大。对此，政府采取了相应措施以适应老龄化社会的发展，在养老保障方面的财政投入不断增加，切实满足人民群众的基本养老需求，在一定程度上缓解了人口老龄化带来的社会压力，保证保障范围内的老年人安享晚年。

2. 需求状况

一般来说，老年人的物质和精神需求主要归为 3 类，即经济供养需求、生活照顾需求和精神需求。其中精神需求方面包括亲情、友情、爱情、人际交往、休闲娱乐、尊重、信心、价值和发展等。马斯洛需求层次理论将人类需求分为 5 个等级，由较低层次到较高层次排列包括生理需求、安全需求、爱和归属需求、尊重需求和自我实现需求。据此可将老年人的需求具体划分为 5 类(见图 4-1)：生理需求方面包括生活物资；安全需求方面包括生活照顾需求，即健康保障和人身安全；爱和归属需求方面有亲情、友情、爱情、人际交往和休闲娱乐等；尊重需求方面有尊重和信心，自我实现需求主要是价值和发展需求。马斯洛认为，在特定的时刻，人的一切需要如果都未得到满足，那么满足最主要的需要就比满足其他需要更迫切。[1] 因各种条件的限制，沧县老年人的需求有的得到较为充分的满足，有的得到较低程度的满足，有的甚至得不到满足。

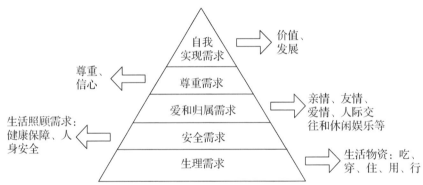

图 4-1　老年人物质和精神需求状况

沧县养老机构较少，没有社区居家养老服务中心，政府和社会提供的养老服务内容匮乏，形式单一，故而老年人大多选择传统的家庭养老模式，那些选择机构养老的老年人的物质和精神需求都未能得到必要的满足。沧县公办养老机构一部分老年人反映，他们不太满意机构的护理服务。部分身体较差的老年人认为养老机构的医疗和护理条件差，不具备必要的医疗保健设施，

---

[1]　周三多、陈传明、贾良定：《管理学——原理与方法》，71 页，上海，复旦大学出版社，2014。

机构选址不合理，距离医院较远，一旦遭遇疾病，自身的医疗安全和人身安全将难以保障。还有部分老年人担心精神方面的需求，他们认为在机构的吃、穿、住、用、行都没有太大问题，就是生活乏味，无所事事，缺少人同他们说话解闷。毕竟通过子女探望获得精神慰藉是老人比较期望的途径，且他们认为子女孝顺是很重要的，若无子女看望将会心情低落。由此可见，当老年人的经济供养需求和生活照料需求得到一定程度的满足时，精神慰藉需求却面临着严重缺失，如生活孤独、兴趣缺乏、缺少子女关爱和朋友陪伴等。除此之外，还有部分老年人认为自己在机构的生活除了吃饭、睡觉和一些日常小娱乐以打发时间外，没有其他任何体现自身社会价值的活动参加，平时与他人的交流较少。

其实，老年人在日常生活的照料、亲情和情感的慰藉、医疗方面的服务、户外的健康娱乐活动、人际交往以及信息的传递沟通等方面都存在着强烈需求。而从沧县养老服务需求满足状况来看，生理需求得以基本满足，安全需求、爱和归属需求得到较低程度满足，尊重需求几乎得不到满足，自我实现需求无法满足。

（二）存在的问题

1. 公办养老机构发展缓慢，民办养老机构缺乏正规性

目前，沧县仅有1个公办养老机构，规模较小，设施不完善，服务项目单一，服务人群结构不合理，且服务人员较少。沧县民政事业服务中心作为沧县唯一一个公办养老机构，主要服务对象是城乡特困人员，包括独居老人、残疾人和无劳动能力者，年龄在70周岁以上，且大多数老人有一定的智力问题，一般老年人不能入住。其配备的餐厅、厨房、洗衣室、医务室、康复室、活动室、娱乐室等，空间不大，设施较为简陋。民办养老机构只有1个，规模更小，缺乏正规性。

2. 养老服务发展形式单一，老年人养老需求无法得到很好满足

沧县区域分散，以村落为主，政府以发展小型养老机构为主来解决部分群体的养老问题。沧县人口居住分散，无法形成大片社区，故而没有正规且完善的社区居家养老服务中心，多数的老年人只能通过个体居家养老来解决养老问题。从养老服务的供给和需求状况来看，社区居家养老服务是符合中

国养老服务事业发展的有效途径之一，它是家庭养老与机构养老的结合，以社区为基础，建立一个支持家庭养老的社会化服务体系。这一养老模式若能与沧县地域特点有机结合，将极大地丰富沧县养老服务形式，更好地满足老年人的物质和精神的双重需求。但就目前情况而言，整个沧县境内的养老服务发展形式缺乏多样性，只有单一的机构养老模式，急需探索出一种符合地区发展状况的社区居家养老模式。

3. 养老机构基础设施简陋，生活条件和安全供给有待改善

在养老机构基础设施方面，无论是公办养老机构还是民办养老机构的设施供给质量都较低，尤其是基础生活设施简陋，种类单一。从生活设施的供给质量来看，养老机构存在水、电设施不完善，规模小，床位使用紧张和室内卫生环境脏、乱、差等问题。从安全设施供给质量来看，消防设施不完善，存在较大的安全隐患。沧县现有的养老机构虽然安装了火灾自动报警系统，但是配备灭火器的数量不够、压力不足，机构内没有安全疏散标识，存在电源老化、插座破旧、电线陈旧等现象。另外，虽然养老机构都配备了必要的灭火器，但由于平时消防逃生演练次数少，工作人员对消防器材使用并不熟练，安全意识较低。究其原因，主要是资金来源渠道单一和投入力度小。沧县养老机构都无固定收入来源，缺乏财政补贴，并且社会资金来源渠道少。

4. 服务人员从业素质有待提高，养老服务水平有待提升

在服务人员从业素质方面，沧县养老机构缺少专业管理和护理人员，且普遍存在先建机构后找人的现象。公办养老机构由政府出资建立并配备相应基础设施，但后期服务人员供给质量难以保证；而民办养老机构的工作人员多为外行人，甚至是兼职人员，专业素质差，护理能力低。其中，沧县民政事业服务中心的护理人员是由县民政局与沧州渤海公司签订用工协定招聘过来的，在进行一定的培训后上岗，但仍有部分护理人员是没有经过专业化培训的，对于老年病的护理甚至一些基本生活护理技术缺乏了解。他们的年龄在 20～45 岁，主要做一些基础的护理工作。

三、沧县的医疗卫生服务

1986 年以来，沧县医疗卫生事业迅速发展，基础设施、医疗设施、医疗队伍都发生了深刻变化，县、乡、村三级医疗卫生网络初步形成，医疗服务水平显著提高。

调研小组通过实地走访了解到，截至 2017 年 7 月，沧县卫生系统包括 5 个县级事业单位(县医院、县疾病控制中心、县卫生监督所、县精神卫生中心、县中医院)，19 所乡镇卫生院和 18 所民营医院。截至 2016 年年底，全县卫生系统编制 1281 个。全县卫生技术人员 939 人，执业助理医师及执业医生 1003 人，卫生系统离退休人员 514 人。村级卫生室 1124 个，乡村医生 1539 人，全县拥有核磁、CT、彩超等医疗设备 1894 台（件），全县编制床位 1322 张。

自 2011 年医疗改革以来，沧县对乡镇卫生院的财政投入政策实行收支两条线，加大对全县医疗卫生服务的财政投入，具体财政支出数据见表 4-4。

表 4-4　2012—2016 年沧县政府在医疗卫生方面的财政支出

单位：万元

项目	2012 年	2013 年	2014 年	2015 年	2016 年
医疗卫生投入	16594	31588	37807	41886	43450
公立医院改革补助	278	488	676	1122	3095
基层医疗卫生支出	327	1629	3547	3410	1888
公共卫生支出	994	3460	4784	4165	4278
医疗保障	14523	25449	23507	28238	28981

资料来源：沧县财政局统计资料。

由表 4-4 可以发现，政府对医疗卫生服务的财政投入逐年增加，特别是在医疗保障方面的支出较大，而在基层医疗卫生方面的支出较少。由此可见，虽然政府十分重视全县医疗卫生服务的发展，不断加大财政支持力度，但是仍然存在医疗保障经费分配不合理、城乡差异大的现象。

(一)医疗服务

1. 发展状况

第一，落实医疗保险制度。沧县坚持共享发展理念，改善民生，建立覆盖城乡的基本医疗卫生制度，积极开展新型农村合作医疗工作，落实医疗保险制度，不断满足群众医疗保险需求和医疗卫生服务需求。

首先，沧县结合自身经济发展形势，围绕"人才优先，民生为本"的主线，充分利用广播、电视、信息网络等媒体，积极宣传医疗保险政策，采取多种形式，广泛宣传医疗保险制度的重要意义、政策规定和办理程序，提升影响力，抓好医疗保险扩面征缴工作。通过各方面工作的有序开展，沧县城镇职工和居民基本医疗保险的参保人数不断增多，征缴保险基金和医疗保障支出不断提高(见表4-5)，推进了全民参保，使广大群众能够充分享受国家的惠民政策。沧县2009—2015年新型农村合作医疗的发展情况见图4-2。

表4-5 2012—2016年城镇职工与居民基本医疗保险发展情况

项目	2012年	2013年	2014年	2015年	2016年
职工参保人/人	27794	—	28976	29510	30521
职工征缴保险基金/万元	5142	—	7007	8100	12066
职工医疗保障支出/万元	4404	—	6535	6779	10650
居民参保人/人	6942	—	6445	4619	6025
居民征缴保险基金/万元	196	—	242	359	314
居民医疗保障支出/万元	74	—	189	230	230

资料来源：沧县人社局2012—2016年工作总结，2017年7月26日由沧县人社局提供。

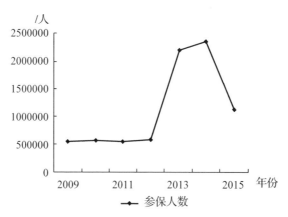

图4-2 2009—2015年沧县新型农村合作医疗的发展情况

资料来源：沧县卫计局统计数据。

其次，经过广泛宣传和精心组织，2009—2015年沧县农民参加新型农村合作医疗的人数不断增加（见图4-2），大病统筹基金使用率提高，全县参加新型农村合作医疗的农民实现在市内各大医院就医出院及时报销，参加新型农村合作医疗的农民受益率不断提高。

沧县于2013年7月1日在全市率先推行新型农村合作医疗附加意外伤害医疗保险，使参加新型农村合作医疗的农民因意外伤害产生的医疗费用得到了相应补偿，从而使新型农村合作医疗制度更趋完善和合理，受益面也进一步扩大，广受参加新型农村合作医疗的农民的欢迎和好评，进而也完善了医疗保障制度。

第二，不断提升医院疾病治疗服务水平。沧县深入贯彻落实健康中国战略，坚持以人为本的发展理念，统筹城乡医疗资源，大力发展医疗服务事业，尤其是十分重视沧县各大医院的综合发展，着力提高医院的疾病治疗服务水平。

（1）深入推行全面质量管理，努力打造一流县级医院

2016年，沧县人民医院进行深化管理，通过深入铺开全面质量管理，形成了以医疗、护理、院感、药学4个考核组和满意度调查（包括医院内部满意度调查和患者满意度调查）为构架的质量管理实施小组，对全院54个考核单元进行考核。每月对考核结果进行汇总、分析、点评，大质控对各小组考核结果进行汇总，考核小组组长碰头会对考核结果进行分析，提出改进意见，确定下月考核重点，在全院中层例会上由大质控和轮值主席对考核结果做点评。实践证明，新的管理方案给医院带来了新的效益，增强了医院的活力，大大减少了医疗纠纷和投诉，尤其因流程和沟通问题引起的投诉较往年明显减少。管理科室通过全面质量管理成了管理能手，树立了"质量管理怎么管都不为过"的理念，越严越好，严出质量，严出效益，全院工作进入规范化、精细化和科学化的管理轨道。

（2）积极推进分级诊疗建设，提高全县医疗服务水平

2016年11月24日，沧县印发《沧县建立分级诊疗制度实施方案》，并按方案严格执行。在具体工作开展中，沧县积极实行分级负责、双向转诊制度，形成了急重症病人在县医院住院，慢性病人和恢复期病人在基层医疗卫生机构康复、维持治疗的服务模式，进一步完善了医疗联合体内急救转诊流程，

建立了双向转诊绿色通道，沧县人民医院为基层医疗提供"一站式"医疗服务，对转诊患者实施优先诊疗。通过一系列措施的落实，沧县形成了首诊在基层、大病进医院的就医格局，建立了沧县人民医院与基层医疗卫生机构之间分工协作的有效机制，实现了医疗联合体内医院与基层医疗卫生机构资源的纵向流动和业务的分工协作，进一步减轻了医院门诊压力，发挥了医院功能。实行分级诊疗制度后，患者住院流向逐步趋于合理。

（3）加强人才培养和技术创新，不断增强各学科综合实力

首先，加强专业人才培养。根据科室人才培训计划，选送学科带头人和业务骨干到北京、天津等城市的三甲医院进修。医院定期派出各部门人员去上级医院进修，参加短期学习班；医院还组织进修回来的人员及本院、外院专家授课。他们把新业务、新技术、新进展带回医院，提高了医院的医护业务水平。

其次，搭乘京津冀协同发展顺风车。把握京津冀协同发展大势，借力发展，加强与北京、天津医疗卫生机构联动协作，探索深层次、紧密型、多元化合作办医模式，全力打造沧县医疗产业新亮点。2015年，沧县人民医院成为武警后勤学院附属医院技术协作单位，中国医学科学院阜外医院在沧县人民医院建立心血管疾病诊疗质量监测基地。这标志着沧县人民医院与武警后勤学院附属医院、中国医学科学院阜外医院的合作开启了新篇章，使沧县患者在家门口就能享受到北京、天津等地的大医院的专家诊断和治疗。这也是沧县落实京津冀协同发展的重要举措，有助于进一步提升沧县人民医院的医疗服务水平，增强医院的核心竞争力，推动沧县医疗卫生事业的发展。

（4）支援农村医疗队伍建设，提高乡村医生综合素质

县级医院按计划选派医务人员到卫生院进行业务指导，基层医务人员到县级医院进修或参加培训，县级医院下派业务骨干到卫生院执业帮扶，卫生院选派医务人员到县级医院进修或参加培训。这些做法提高了乡镇卫生院的综合服务能力、服务质量，实现了区域优质医疗资源共享。医疗联合体内的卫生院将和县医院签订长期协作协议，各成员单位建立结对带教的人才培养机制，实行乡镇卫生院技术人员到核心医院轮修，核心医院主治医师及以上职称人员与所属基层医疗机构医务人员间实行一对一的结对带教。政府鼓励乡镇卫生院技术人员到沧县人民医院进修，并与沧县人民医院实行结对带教，

以帮助乡镇卫生院技术人员提高医疗服务能力和技术水平。此外，沧县人民医院定期举办各类学术讲座，帮助各基层医疗机构引进新业务、新方法和新技术，努力为乡镇卫生院培养一批能诊治常见病、多发病的医护人员。

（5）营造和谐医院文化，提升医务人员综合素质

沧县人民医院举办的护士节联欢会，通过自编自演的歌曲、相声、小品、舞蹈等节目庆祝节日，展示了医务人员积极乐观的精神风貌和团结向上的团队风采；举办的职工趣味运动会，各科室踊跃参加，营造出了和谐奋进、积极向上、充满活力的良好氛围；利用网络与制药公司、中国人民大学等联合对中层干部进行医院管理知识培训，这使大家不出院门就得到了较高水平的培训；在全院开展礼仪、服务、规范化教育管理，要求着装整洁，仪表仪容规范，以良好的素养展现医院风貌；举办"说医，谈人生"演讲会活动，全院数十名临床医技以及行政、后勤人员参加了演讲活动，大家讲感悟、感想，起到了相互促进、相互影响的作用，对演讲者和全体职工是一种精神提升，营造了一种积极、团结、向上的医院氛围。

2. 存在的问题

（1）工作人员积极性不高，基层医务人员相对不足

乡镇卫生院人员积极性降低。医疗体制改革后乡镇卫生院实行全额预算管理，人员工资由财政局直接打到工资卡上，奖励性绩效工资由单位按年度考核后发放。由于奖励性绩效工资基数较小，致使医务人员工资不能拉开档次，加之医疗风险越来越大，临床骨干技术人员的待遇大幅降低，工作人员积极性严重受挫。

基层医务人员数量相对不足，稳定性较差。截至 2017 年 7 月，全县实际在编在岗 378 人，缺编 277 人，缺编现象严重，有的卫生院在职人员只剩 2 名。200 多名临时人员多从事一线工作，他们中的大部分已成为业务骨干，但工资绝大部分按沧县最低生活标准发放，未缴纳相关保险。从长远看，临时人员的稳定性较差。

（2）医疗资源配置不均，基层医疗资源浪费严重

一是医疗资源配置不均，有限的医疗服务人员和医疗设备无法满足群众日益增长的医疗服务需求；二是由于老百姓认为县级以下医院的医疗水平较差，不愿到县级以下医院进行治疗，从而造成了医疗资源的严重浪费；三是

在地理位置方面，由于沧县离沧州市区很近，老百姓更愿意到沧州市的医院治疗，不愿到县医院来，造成了市医院医疗压力增大和县医院资源浪费的情况。

（3）基本药品制度落实不彻底，相应的有效管理机制缺乏

医疗机构服务方式和服务观念仍未彻底转变，部分医生用药习惯还没有得到根本改变，临床诊疗中过度用药和滥用抗生素现象依然存在。

部分药品采购价格不稳定，药品配送不及时。一些基本药物和临床急救、急需的药品价格浮动大，基本药物的配送企业少，只有一个配送商，一旦断货往往影响临床用药需求。

对药品生产企业和配送公司缺乏相应的管理机制。在药品集中采购制度运行过程中，卫生机构处于被动地位。这严重影响了卫生机构的采购计划和用药，所以应自上而下建立一套约束机制，来约束企业随意断货的行为，保障药品的配送率。

（4）医疗改革政策执行不顺畅，医疗卫生发展遭遇新瓶颈

一方面，医疗体制改革覆盖面广，工作任务重，头绪多，各层级医院之间的关系复杂，这使得分级诊疗和医疗联合体制度在全县落实起来相对困难，进展缓慢。基层工作人员工作积极性差，怕承担责任。

另一方面，自从国家基本药物制度实施以后，医院对药物实施零加价，这使得以药养医的传统模式被打破，但由此形成的基层医疗卫生服务机构的运行经费的缺口就更大。医疗收费价格倒挂现象越来越严重，特别是那些自负盈亏的非营利性公办医院，无法以充足的资金来维持整个医院的运营。此外，县政府对医院的投入力度不够。究其原因，一是国家规定的相关补贴政策未能很好地贯彻落实，二是自从公办医院工作人员分发工资的旧政策被取消后，公办医院的资金支出加大，资金运转日趋紧张。如果县政府在这方面的投入力度不够，很多医疗卫生服务机构就面临生存问题，就更难以留住卫生工作人员，从而导致医疗人力资源的缺乏。

（二）卫生服务

1. 发展状况

（1）十二大基本公共卫生服务项目

沧县坚持政府主导，充分体现公益性和公平性，按项目要求免费向全县

居民提供基本公共卫生服务。坚持优质服务、提高效率，强化考核、培训、督导、监管，在 19 个乡(镇)卫生院、承担基本公共卫生服务的村卫生室全面实施 12 项基本公共卫生免费服务项目，保障居民人人享有基本公共卫生服务，不断提高人民群众的健康水平。截至 2017 年 1 月，各项目执行后的绩效指标达标情况如表 4-6、表 4-7 所示。

表 4-6　绩效指标已达标的项目

项目	达标情况/%	绩效指标/%
居民健康档案电子建档率	92.69	70
高血压患者健康管理率	74.23	40
高血压患者血压控制率	67.02	40
高血压患者规范管理率	80.62	50
糖尿病患者健康管理率	63.31	35
糖尿病患者规范管理率	79.64	50
血糖控制率	67.41	40
重性精神疾病患者规范管理率	80.13	50
老年人健康管理率	73.68	65
老年人体检表完整率	84.77	70
孕产妇产后访视率	91.58	85
早孕建册率	85.73	60
孕产妇健康管理率	86.85	85
产后访视率	89.94	85
老年人中医药健康指导率	75.99	40
0～3 岁儿童中医药健康指导率	76.04	40
预防接种接种率	99.30	90
新生儿访视率	91.21	85

资料来源：沧县疾控中心 2016 年度国家基本公共卫生服务项目绩效考核报告，2017 年 7 月 27 日由沧县疾控中心提供。

表 4-7   绩效指标未达标的项目

项目	达标情况/%	绩效指标/%
0～3 岁儿童系统管理率	83.03	85
重性精神疾病管理率	88.86	90
儿童健康管理率	71.07	85

资料来源：沧县疾控中心 2016 年度国家基本公共卫生服务项目绩效考核报告，2017 年 7 月 27 日由沧县疾控中心提供。

注：虽然 12 项基本公共卫生服务项目包含的是 0～6 岁儿童健康管理工作，但是根据调研小组 2017 年 7 月的实地调研，得到的是 0～3 岁儿童健康管理的资料。

从表 4-6 和表 4-7 可以看到，绝大多数项目的指标都已达到省级标准，只有 3 个未达标的项目，但已接近省级标准了。县政府为了能更好地提供基本公共卫生服务，达到绩效标准，做了许多有效工作，主要是 12 项基本公共卫生免费服务项目：居民健康档案工作、老年人健康管理工作、慢性病管理工作、健康教育工作、0～6 岁儿童健康管理工作、孕产妇健康管理工作、重性精神疾病患者管理工作、预防接种管理工作、传染病疫情报告工作、结核病患者管理工作、中医药管理工作、卫生监督协管服务工作。

（2）城乡卫生服务

第一，不断加强农村卫生宣传，稳步推进卫生服务项目。多年来，沧县卫计局坚持利用板报、标语和广播等多种形式，向农民进行卫生科普知识宣传，教育农民群众养成良好的卫生习惯和科学健康的生活方式。沧县一直在推进乡镇卫生院改扩建项目。2014 年，乡镇卫生院改扩建项目共涉及 5 个卫生院，总投资额 720 万元。

沧县以"农合一卡通"运行为契机，在实现"农合一卡通"的基础上推进乡村卫生服务一体化管理。其中，重点实现对药品零差率管理和一般诊疗费的管理，并实现与现有基本公共卫生服务系统的对接，实现县域卫生一卡通，努力推进乡村卫生服务一体化工作。

第二，加强卫生硬件和软件建设，提供优质卫生服务。加强卫生基础设施建设，提升卫生硬件水平一直是沧县发展基本卫生服务的重中之重。2011—2016 年，沧县累计投入 9000 余万元用于改善卫生基础设施，改善基层群众就医环境，其中包括沧州市精神病医院门诊楼改建扩建项目、沧县疾控中心改造项目、沧县急救中心改造项目、415 个标准化村卫生室建设项目、19 个乡镇卫生院改扩建工程和购置大型医疗设备等。

加强专业技术人员培训，提升卫生软件水平。2015—2017 年，沧县积极开展常规性全科医生培训、中医专业技术人员培训、县乡村三级大培训和卫生应急培训工作，累计培训 8600 余人次，极大地提高了基层卫生技术人员的执业水平。

第三，积极开展卫生监督协管服务，共创城乡卫生服务新局面。随着我国卫生监督体制改革的深入发展，医疗卫生监督已成为国家医疗卫生服务发展的重要组成部分，是提高医疗卫生服务质量的重要途径之一。基于此，沧县积极开展卫生监督工作，把基层协管纳入公共卫生考核体系，在全面铺开公共卫生、医疗传染病等重点监督工作的同时，针对基层协管工作现状，积极调整工作思路。一是将原来独立考核的基层协管工作纳入国家基本公共卫生服务项目管理体系，统一培训、指导、考核；二是整合县疾控中心人、财、物资源，开展学校及饮水卫生监督监测服务；三是加大乡镇卫生院及民营医疗机构服务规范的监督指导，尤其加强生物制品安全监督检查力度；四是启用协管移动终端管理系统，解决协管工作流于形式、信息空、力度弱的问题，全面促进沧县卫生监督各项工作向真实、高效、规范转型提升。

（3）疾病防疫服务

第一，紧抓应急能力建设，提高生命安全指数。2009—2011 年，沧县加紧修订突发公共卫生事件和鼠疫、霍乱、麻疹、手足口病等传染病应急预案，并加大应急物资储备，开展应急演练，提高突发公共卫生事件应急处置能力。沧县疾控中心多次开展甲型 H1N1 流感等重大传染病的应急模拟演练，落实防控措施，有效提高了疾病预防控制机构应对突发公共卫生事件的能力。2017 年，沧县疾控中心专门申请县财政计划的应急款项，用于应急物资的补给和更新。沧县疾控中心集中采购生活保障、个人防护、疫源地消毒等方面的物资，共开展了 2 次以感染高致病性禽流感、食物中毒等为课题的模拟演练，保证人员业务素质和应急装备同步提高。沧县疾控中心坚持 24 小时疫情浏览和应急双值班制度，强化信息安全，确保报告系统灵敏性，确保处置率和及时率达 100％。

第二，增强居民健康风险意识，加强疾病防疫宣传工作。沧县承接的联合国西班牙千年发展目标基金——中国沧州青年农民工项目，于2011年顺利通过由联合国人口基金评估专家、中国社会科学院专家、中国劳动和社会保障科学研究院专家等组成的评估验收组检查。联合国西班牙千年发展目标基金"中国青年农民工"项目在卫生领域的活动具体目标就是探索青年流动人口健康教育管理模式，向其提供基本健康信息和卫生服务信息，帮助其树立健康风险意识，掌握预防疾病的基本知识，认识到应享有的健康权益，更好地利用政府和社会提供的基本医疗服务。

第三，落实国家免疫规划重点工作，接受疾病控制工作能力检阅。沧县认真贯彻落实国家免疫规划管理的各项政策，指导加强儿童预防接种信息化建设和寄生虫病防治工作，开展疫苗接种疑似异常反应监测工作，强化宣传、培训和督导检查，加强资料建设和管理，全力推进免疫规划各项工作规范发展。2011年，沧县代表河北省完成2006—2015年全国重点寄生虫病防治规划中期评估工作。通过综合考评，考评组对沧县落实各项工作任务和取得的防治成效给予了充分肯定，尤其对沧县人体寄生虫低感染地区按照"因地制宜，科学防治"的原则，进一步落实疫情监测、药物驱虫、健康教育、改厕等防治措施这一做法给予了高度评价。

(4)妇幼保健服务

第一，妇幼保健工作规范进行，近年来，沧县农村孕产妇住院分娩补助项目和待孕妇女免费增补叶酸项目取得良好成效。政府及时发放住院分娩补助专项资金，农村孕产妇住院分娩补助人数不断增加，住院分娩补助率逐年提高，叶酸服用率也保持在95％以上。

沧县积极做好筛查工作，保障新生儿安全。2013年，沧县新生儿足跟血采样6270例，筛查率达96％以上；听力筛查2650例，筛出听力障碍儿童14例，均转上级医院接受早期干预治疗。此外，各工作人员积极做好艾滋病、梅毒和乙肝母婴阻断工作，保障婴儿安全。

第二，妇幼保健基本实现系统管理，相关妇幼服务项目进展基本顺利。2016年度国家基本公共卫生服务项目绩效考核调查结果显示，沧县对0～3岁儿童进行系统管理和健康管理，管理率分别为83.08％和71.07％，这两个项目虽未完全达标，但已接近省级标准。同时，沧县政府也在进一步加大宣传和推进工作，引导居民更加重视儿童的系统管理和健康管理，以促进沧县妇幼群体向更高健康水平发展。

2. 存在的问题

随着社会的发展，我国社会主要矛盾已经转化为人民日益增长的美好生活需要和不平衡不充分的发展之间的矛盾。健康和安全需要的不断增加影响了人民整体需求的满足，当前沧县卫生服务事业发展的不平衡与不充分严重阻碍了人们生活质量和幸福指数的提高，存在的问题主要体现在以下 4 个方面。

(1)医疗卫生资源配置失衡，卫生服务事业发展受阻

卫生事业发展中的一个突出问题就是卫生资源配置不合理，这严重制约了卫生服务事业的统筹发展，其主要表现在两个方面。一是卫生资源的城区配置失衡。一般来说，中小城市的资源汇聚能力弱于大城市，沧县环绕沧州市而建，其整体经济实力和政策优势劣于沧州市，这使得大量人才、资金和技术等资源向大城市医院集中，从而造成大城市与小城市之间资源分配不均的现象。二是卫生资源的城乡配置失衡。沧县区域差异较大，城市大中型医院集中了高新医疗设备和专业医护人员，而基层卫生资源则严重不足。

(2)基层卫生人员素质偏低，制约卫生服务水平提高

医学院校是现行的卫生专业技术人员的主要来源，而沧县基层经济实力较弱，在经济待遇、医疗条件和发展前景等方面对医学院校优秀毕业生的吸引力较低，导致基层医疗卫生服务机构的医疗服务水平和质量整体较低。基层卫生工作人员存在年龄老化、知识老化、技术落后、服务滞后等方面的问题。沧县的有些乡镇卫生院缺少专业知识丰富和技能熟练的专业人员。总之，沧县基层卫生服务人员的素质普遍较低。

(3)政府卫生经费投入不足，经费分配结构不尽合理

卫生经费是开展卫生工作、提高卫生服务水平和质量的物质基础和条件，其增长幅度应与社会经济发展同步，与人民群众对卫生服务的需求相符合。然而沧县用于卫生事业的经费占比较小，并且卫生经费的使用几乎符合二八定律，即卫生经费的 80％集中在医疗系统，20％用于保护人群健康的预防保健部门。政府每个季度拨付的卫生经费本来就不多，若在卫生服务发展上还分配不合理，就会使各项卫生服务发展不协调。

（4）医疗卫生监督体系不健全，卫生监管人员素质有待提高

一方面，沧县缺乏健全的医疗卫生监督体系，这主要表现在以下两个方面。其一，医疗卫生监管的法律法规不完善，相关政策、制度落实不到位，受当地经济发展水平的限制，沧县医疗卫生事业尚不发达，仍处于发展不成熟的阶段。沧县卫生监督站点分布不合理、医疗设备不齐全、医疗技术不先进、医护人员素质偏低等问题的存在都严重制约了医疗卫生监管制度的建立和完善。有些医疗机构基于侥幸心理一味地追求经济利益，从而阻碍了相关政策、制度的贯彻和执行。其二，医疗卫生监管力度不够，存在权责不对应、能力与任务不匹配、非法行医监控失位和虚假医疗广告成灾的不良现象。

另一方面，沧县医疗卫生监督人员素质有待提高。自沧县卫生监督所独立于沧县疾控中心后，沧县疾控中心没有再设立专门管理卫生监督事务的科室，而卫生监督所的机构设置简单，人员和设施配备不足。由于卫生所内人员配备较少，易出现一人多责现象，繁重的卫生监督工作迫使他们经常外出执法，而日常集中培训不足，专业知识积累不够，最终使得整个医疗卫生监管团队的执法能力偏弱。特别是对一些大案、要案、难案、疑案，他们鉴于自身能力有限往往绕道而行，有碍于医疗卫生服务质量的提升。

四、发展沧县养老服务与医疗卫生服务的建议

（一）养老服务方面

1. 加快养老机构服务标准化建设，实现养老服务量与质齐升

随着社会经济的发展和人口老龄化进程的加快，老年人的物质和精神需求发生了巨大变化，而社会养老服务事业发展的滞后性使得养老服务供需双方出现了不平衡现象。一方面，社会公众对养老服务的需求日趋旺盛；另一方面，养老服务产品的质量参差不齐，标准不一，缺乏统一而公平开放的市场规则。

为此，首先，要建立统一的安全管理标准。无论是食品安全还是设施安全方面，都应当建立一套标准化的流程和规范，养老机构的食品管理和安全排查必须保质保量。整改或关停一切消防设施不合格的养老机构。其次，政府应加大财政投入，大力支持养老服务标准化体系建设。加快建立养老服务

的通用基础设施、服务水平和人才培育等方面的标准，努力打造优秀的养老服务队伍。再次，建立统一的养老机构服务质量标准和"老年人满意度"评价体系，推动养老机构的有效整改和健康发展。同时，将养老服务质量指标纳入社会评价体系，让更多的市场主体参与养老院服务标准化建设和养老服务产业的发展。最后，养老服务标准化建设应是一个不断实现有法可依、有章可遵、有规可循的过程。有关部门应不断加强顶层设计，逐步建立养老机构服务质量发展的指标、管理体系和制度规范。总之，不断提升养老服务标准化水平，建立统一完善的养老服务行业发展标准和管理体系，是提高沧县老年人幸福指数，促进全县养老服务行业稳步健康发展的重要途径。

2. 构建养老机构服务监管体系，筑牢养老机构安全服务防线

沧县的公办养老机构和民办养老机构在生活设施和安全设施的供给质量方面存在着诸多问题，服务人员缺乏专业知识和技能，养老服务质量低下，制约着全县养老服务质量和水平的提升。政府应加快构建养老机构服务质量监管体系，着力提高养老机构老人的安全幸福指数。

在基础设施监管方面，政府可先在公办养老机构开展执法规范化试点工作，具体工作主要是对养老机构服务设施的评价，将评估结果与相关补贴政策挂钩，以此激励养老机构提高服务质量。此外，政府相关部门应加强沟通，协调工作，定期开展养老机构安全隐患排查和整改工作，尤其重视消防安全隐患的排查，并且在检查基础设施安全问题的同时，重点督查相关管理人员的安全责任落实情况。

在老年人生命安全保障方面，沧县各养老机构应不断加强职业道德建设，切实提高工作人员的专业能力和水平。其一，严格执行消防、食品、医疗卫生服务等方面的安全管理规定，这是提高养老院安全系数的重要保障。为此，各养老机构要确保消防设施配备充足，食品来源可靠，医养结合，服务周到，为老年人营造良好的生活环境。其二，政府应加大财政投入力度，培养专业管理人员和护理人员，提高服务人员素质和能力，打造一支"工作能力强，服务态度好"的养老服务专业化队伍。

3. 贯彻落实社区居家养老优惠政策，研究制定居家养老发展规划

社区居家养老服务不仅提供社区照料和医疗服务，而且关注老人的精神生活，这在一定程度上能够弥补城市社区独居老人家庭慰藉的缺失，满足其爱和归属的需求。国外在此方面探索和发展了许多可借鉴的模式，如美国的"医疗照顾＋社区服务"模式、日本的"家庭福利＋护理保险"模式、新加坡的"中央公积金制＋社会参与"模式和英国的"福利国家＋社区照顾"模式等，这些模式都强调了政府的主导性作用、社区的基础性作用和家庭协调配合的辅助性作用。由此可见，社区居家养老服务可有效解决老年人在熟悉的生活环境中养老的问题，提高养老服务质量，推动全县养老服务事业的发展。探索和发展社区居家养老模式可从以下两个方面入手：

一方面，要充分发挥政府主导作用。政府作为居家社区养老服务的发起者和倡导者，是社区居家养老服务顺利实施的主要角色，是其发展的财力支持者。政府可出台相关法规政策为社区居家养老服务的发展确定方向和标准，并从制度供给、政策制定、公共物品提供和财政投入等方面给予大力支持。政府逐步加大财政投入力度，合理配置城乡养老服务资源，以"民办公助"形式发展居家养老服务，调动社会力量积极参与养老事业发展，构建社会支持系统服务居家养老服务业。此外，在发展过程中，政府还要加强监管，注重事前监督，统筹考虑社区居家养老服务设施建设、队伍建设和运营管理等问题，合理利用和配置资源，防患于未然。针对条件较差的农村地区，政府应制订特殊的补助计划，设立专项资金，开设资助项目，为当地发展特色的社区居家养老服务模式提供必要的财力支持。

另一方面，要积极发挥社区的支持作用。社区是老年人生活与活动的主要场所和熟悉环境，是社区居家养老服务发展的地域依托。同时，社区工作者与独居老年人有着亲密的联系，能为老年人提供直接而便利的服务。考虑到沧县县城无大规模社区、周边多乡镇的情况，应按照当地发展形势和老人实际需要，在城市公寓和较集中的乡镇地区发展综合性居家养老服务中心、居家养老服务站点等，提供就近便利的养老服务。有条件的社区可积极探索新型社区居家养老服务发展模式，加强社会合作，丰富服务内容，创新服务形式，为老年人提供优质的养老服务资源。例如，社区可以发展一种"老年人俱乐部"的新型社区居家养老服务模式，该模式由老年人主导，社区支持，志愿者辅助，旨在发掘老年人的社会价值，是老年人自我组织、自我管理、自我服务的一种新形式，其服务内容涉及生活照料、医疗服务、文化娱乐、信息交流和老年教育等。社区居家养老模式可以满足沧县老年人物质和精神的双重需求，有利于老年人安享晚年。

4. 重视老年医疗服务发展，推动建立医养结合模式

政府应重视老年人医疗卫生服务发展，加快医疗卫生资源向养老领域转移，促进医养结合。医养结合养老服务模式将传统养老理念与先进医疗技术进行有机结合，综合养老机构和医院的功能，真正做到医养一体化。其"医"主要指医疗、康复、保健和预防服务，"养"主要指生活照料服务、精神慰藉等服务。

政府要有效整合各方面的养老服务和医疗卫生服务资源，协调配合为老年人服务，满足其基本的生活需求和安全需求。其一，建立政府财政支持医养结合发展的资金机制，为其发展提供充足的人力、物力、财力，解除其发展的后顾之忧。其二，充分发挥各医疗机构的专业优势，包括为其提供必要的药品、医疗设备以及医护人员，加强与养老机构的合作，向其传授专业的医疗和护理知识。其三，积极鼓励和吸引社会力量参与医养结合养老服务模式的探索和发展，发挥其在资金、技术、人才、养老和健康管理等方面的优势，为养老服务与医疗卫生服务领域注入新生力量，进而有效推动养老服务产业的健康发展。

(二)医疗卫生服务方面

1. 强化政府责任，加强卫生监督

医疗卫生工作是提高人民群众健康水平，促进社会和谐发展的重要工作。政府应积极承担发展医疗卫生服务事业的责任，把医疗卫生事业发展列入沧县经济社会的发展规划，确定发展目标和重点，并采取切实有效的措施保障规划的落实，随着地区经济的发展逐步加大财政投入，结合当地实际情况，逐步建立起符合地区经济发展水平的稳定的经费保障机制。

除此之外，政府应建立健全医疗卫生监督体系，培养优秀的卫生监督队伍。首先，需要配备充足的资源作为保障医疗卫生工作顺利开展的基础和条件。其次，建立责任制，确定各有关部门的职能，组织卫计局、药监局等相关部门进行密切合作，相互协调，形成合力，联合执法，提高工作效率，以做好医疗卫生工作。再次，卫计局要加强医疗卫生法制建设，切实履行卫生监督执法职能，加强对医疗卫生服务行为和服务质量的监管。加大违法处罚力度，依法严厉打击各种危害人民健康和生命安全的违法行为。最后，打造一支适应现代化改革与发展的医疗卫生监督队伍。各卫生监督机构可通过建立严格的人才准入机制和竞争激励机制，净化卫生监督队伍，全面提高相关工作人员的业务素质和执法水平，对不当的监管行为予以严厉惩治。

2. 缩小城乡医疗卫生服务发展差距，提高全县医疗卫生服务水平

卫生事业发展应与当地经济发展同步，与当地不断增长的人民健康需求相适应。一方面，政府应加大对乡镇医疗卫生事业的支持力度，加强村卫生室基础建设，为村民提供适宜的医疗卫生环境，增加村镇医疗卫生工作的补助以及提供相应的保障措施，致力于将广大农民的医疗期望变为现实。此外，积极促进城市医疗卫生资源向乡镇流动，缓解农村医疗人员及设备不足的状况。对常见病、多发病、季节病和慢性病等需要更多的知识理论和实际经验的疾病，可以有针对性地选择培训内容并结合临床实践，选定县级医疗机构承办，由他们派医疗工作人员出诊或对农村医疗人员进行培训，以改善乡镇医疗卫生条件。

另一方面，合理分配农村医疗机构和城镇医疗机构的人才资源，采用"向下输资源"的方法搞好城乡对口支援，改善目前农村医疗卫生服务形同虚设和城乡医疗局面混乱等问题，从根本上提高城乡居民医疗卫生服务的公平性、可操作性和实效性，实现城乡医疗保障体系均衡发展，实现统筹城乡医疗保障体系的整合衔接。

3. 建立完善的人才保障机制，发展充足的医疗人力资源

改善基层医疗卫生服务机构的人才结构和提高医疗服务人员的综合素质是促进医疗卫生服务事业发展的重要途径。资金、技术和人才是医疗卫生服务事业发展的3大要素，人才作为智力支撑发挥着不可替代的作用。因此，政府应具有全局意识，全面统筹城乡医疗人力资源，切实解决医务人员结构性失衡和人才分布不均的问题。

一方面，政府可建立一套完善的激励和保障制度，吸引那些高起点的优秀毕业生到基层医疗卫生服务机构工作，还可加强医学院校与基层医疗卫生服务机构的合作，为基层医疗卫生服务机构定点培训人才，保证其充足的后备人才供给。政府也可制定优惠政策吸引和鼓励那些具有较高医疗技能和业务水平的医师自愿到基层医疗卫生服务机构工作。

另一方面，人才的培养是发展医疗人力资源的重中之重。各大医院应重视医务人员的技能培训和素质培养，定期举办培训大会，鼓励医务人员及时沟通，共同学习，一起进步。此外，应当不断加强各医院之间的交流与合作，医院可派遣医务人员到较好的医院进行短期的培训与学习，取长补短，从而推进整个地区医疗卫生服务队伍建设。

4. 拓宽卫生经费筹集渠道，加大政府药品监管力度

随着国家医疗卫生体制改革和健康中国战略的实施，医疗卫生服务事业在取得发展的同时，也面临着卫生经费投入不足和药品监管不力等方面的问题。因此，在新时期下，沧县提高医疗卫生服务水平可做以下工作。

一是卫生经费方面，政府在加大对医疗卫生服务的财政投入力度的同时，也应出台相关政策，吸引社会资本投资医疗卫生事业，以缓解各大医疗服务机构资金短缺压力和政府财政压力。充分调动社会各方面的力量，广泛筹集社会捐赠资金，积极鼓励社会团体以及非政府组织，扶持农村公共卫生事业，进行有效融资，借助财政力量和税收政策对他们进行引导，为全县医疗卫生服务发展提供充足资金。政府还应加强顶层设计，因地制宜，制定出科学合理的经费使用细则和管理规定，防止出现经费分配不均的现象。

二是药品监管方面，在药品供应保障上，政府应加大对医药流通的监管，增强质量与价格上的透明度，有效地控制药品价格的虚高，还应重视药品在流通过程中的质量监督，提高医务人员的道德素质和业务水平，增强医务人员的社会公益意识。除此之外，药品监管部门工作人员应不断提高自身的执法能力和水平，本着为人民服务的原则，依法严厉打击过度用药和滥用药品的行为。

附

沧县十二大基本公共卫生免费服务项目的具体工作内容

1. 居民健康档案工作。

健全辖区常住人口居民健康档案，建立以慢性病患者、老年人、孕产妇、儿童等为重点人群的健康服务档案，逐步扩大健康档案覆盖面。截至 2016 年 12 月 31 日，全县建档率达到 92.69％。进一步规范健康档案信息采集环节，保证档案信息真实、完整，要求健康档案与日常医疗卫生服务有效衔接，建立居民健康档案动态更新机制，提高健康档案使用率，通过门诊服务、入门服务（调查）、疾病筛查、健康体检等多种方式，为居民建立符合规范要求的健康档案。同时保证把居民年度体检重点人群随访信息与各项检查结果录入居民电子健康档案系统，保证与纸质档案一致，做好各项辅助检查结果的保存入档。

2. 老年人健康管理工作。

对辖区 65 周岁及以上老年人进行登记管理，每年为老年人提供一次健康管理服务，包括生活方式指导、健康状况评估、体格检查、辅助检查和健康指导，并做好检查结果反馈工作，切实发挥体检在疾病筛查和健康指导中的作用，提高老年人健康保健意识。

3. 慢性病管理工作。

以高血压、2 型糖尿病管理为重点，对辖区内 35 岁及以上常住居民实行高血压和糖尿病的筛查，对确诊高血压和 2 型糖尿病的患者进行登记管理，每季度至少随访一次，每次随访时要询问患者病情，为其进行体格检查及用药、饮食、运动、心理等健康指导并做好记录。对高血压高危人群每年至少测量一次血压，对糖尿病高危人群要每年测一次餐前和餐后血糖，并根据病情进行分类干预、转诊指导等，建立和完善健康档案。

4. 健康教育工作。

乡镇卫生院树立健康优先、健康教育先行理念，将健康教育融入各项基本公共卫生服务中，丰富乡镇卫生院健康教育的内容和形式，提高健康教育工作的科学性和适用性，注意发挥中医药健康教育作用。结合爱国卫生工作、卫生主题宣传日活动，进一步利用网络、短信等形式，开展面向公众的健康教育，加强个体化健康指导，为重点人群制定适宜的健康教育方案，提高服务对象的参与度和依从性。

乡镇卫生院向辖区居民发放健康教育材料，每年不少于 12 种；播放健康教育音像材料不少于 6 种；设置宣传栏不少于 2 个，每月至少更换一次健康教育宣传栏的内容；每年至少开展 9 次公众健康咨询活动，每月至少举办 1 次健康知识讲座，并开展有针对性的个体化健康知识和健康技能的教育。

村卫生室向辖区居民发放健康教育材料，每年不少于 12 种；播放健康教育音像材料不少于 6 种；设置宣传栏 1 个，每两个月至少更换一次健康教育宣传栏的内容；每两个月至少举办一次健康知识讲座。

所有宣传活动都要有影像资料、活动方案、现场记录、活动总结。通过各种健康教育，居民健康素养相关知识知晓率≥80%。

5.0~6 岁儿童健康管理工作。

各乡镇卫生院及时收集辖区新生儿出生信息，及时完成新生儿两次访视，建立《0~6 岁儿童保健手册》，在 3、6、8、12、18、24、30、36 月龄时分别进行一次随访，在 6、18、30 月龄时进行一次血糖、血常规检查检测，在 6、12、24、36 月龄时进行一次听力筛查，为 4~6 岁儿童每年提供一次健康管理服务，建立和完善儿童健康档案。

从新生儿入手，做好 7 天和满月的家庭访视。征得家属同意入户随访的，可采取入户形式；家属不同意入户的，可通过电话询问，采取电话随访的形式作为补充；其他儿童利用预防接种与体测相结合的方式开展管理工作，提高了效率。

6. 孕产妇健康管理工作。

充分掌握乡镇孕产妇信息，做好叶酸的发放，孕 12 周前为孕产妇建立《孕产妇保健手册》，进行第一次产前检查，在孕 16~20 周、21~24 周、25~36 周、37~40 周时分别进行 1 次产前随访服务，完成 2 次产后访视，对孕产妇实施系统管理，建立和完善健康档案。

7. 重性精神疾病患者管理工作。

对辖区发现的重性精神疾病患者，在其知情同意的前提下，全部纳入管理范围，建立健康档案，在专业机构的指导下，对在家居住的重性精神疾病患者进行治疗随访和康复指导，逐步提高重性精神疾病患者的发现率和管理率。对纳入健康管理范围的患者，每季度至少随访 1 次，每年进行 1 次综合评估，在患者病情许可的情况下，征得监护人与患者本人同意后，每年进行 1 次健康检查(包括血常规、转氨酶、血糖、心电图等项目)。

8. 预防接种管理工作。

各乡镇卫生院规范建设预防接种门诊，加强疫苗购销、贮存、领发等环节管理，按照国家免疫规划程序，采取通知单、电话、手机短信、广播等适宜方式，通知儿童监护人，告知其接种疫苗的种类、时间、地点和相关要求，为适龄儿童接种乙肝疫苗、卡介苗、脊灰疫苗、百白破疫苗、麻疹疫苗、甲肝疫苗、流脑疫苗、乙脑疫苗、麻腮风疫苗等国家免疫规划疫苗，并按照要求做好疑似预防接种异常反应处理工作。

9. 传染病疫情报告工作。

乡、村两级卫生服务机构严格按照《中华人民共和国传染病防治法》有关规定，加强传染病报告和管理，完善传染病报告督察、疫情主动搜索制度，规范疫情处置程序并做好有关记录。法定传染病疫情报告率、及时率、一致率达100％。

10. 结核病患者管理工作。

按照规范要求开展结核病患者的随访工作，结核病患者健康管理率≥90％，规范治疗率达100％。

11. 中医药管理工作。

认真开展65周岁及以上老年人中医体质辨识，并对其进行针对性健康指导；按照要求对适龄儿童提供中医药服务。

12. 卫生监督协管服务工作。

按照《卫生监督协管服务规范》，开展卫生监督协管工作，制定突发公共卫生事件应急预案，突发公共卫生事件及时报告率达100％，协助有关机构进行突发公共卫生事件流调和处置，并保存完整记录。

资料来源：沧县疾控中心。收录本书时有改动。

爱维宝贝和如水教育晨阳雨露幼教联手
沧县民政事业服务中心开展爱心公益活动

在六一儿童节到来之际，爱维宝贝携如水教育晨阳雨露幼教共同组织孩子们来到沧县民政事业服务中心，开展爱心公益活动，为老人们送去精彩的文艺演出。

沧县民政事业服务中心李主任表示，关爱老人是中华民族的传统美德，爱维宝贝和如水教育晨阳雨露幼教走进服务中心，不仅能培养孩子们孝亲敬老的美德，还能够更好地塑造孩子们健康向上的人格，他希望孩子们能在这里过一个有意义的儿童节。

在活动中，小朋友们表演了形式各样的文艺节目，动听的歌曲、精彩的舞蹈令老人们笑逐颜开、喜气洋洋。小朋友们还将自己精心制作的礼物送给县民政事业服务中心的老人们。小朋友们的欢笑声、祝福声让老人们沉浸在幸福中。

随后，爱维宝贝将牛奶、洗衣液等慰问品赠送给沧县民政事业服务中心，希望生活在这里的老人们身体健康，安享幸福晚年。沧县民政事业服务中心也为爱维宝贝和如水教育晨阳雨露幼教颁发了锦旗和荣誉证书。

（采访如水教育晨阳雨露幼教张园长：尊老敬老是中华民族的传统美德，是先辈们传下来的宝贵的精神财富，六一儿童节我们组织孩子们到这里来演出，是为了给孩子们一个快乐的六一儿童节，给老人们带来欢乐。像这样的活动我们以后会经常组织，让孩子们在健康成长的同时，也给老人们送来一份爱心。）

（沧县电视台李录峰、于丽欣　2017 年 5 月 31 日）

资料来源：沧县社会公益活动新闻稿，沧县民政事业服务中心 2017 年 7 月 27 日提供。收录本书时有改动。

第五章 泊头市养老服务与医疗卫生服务

本章导语

  大运河在维护国家统一、繁荣地区经济、推动民族交融及促进文化交流等方面发挥着重要作用。2014 年 6 月 22 日，大运河项目成功入选世界文化遗产名录，引发国内外的极大关注。进入"后申遗时代"，如何保护好、利用好大运河已成为重要的时代命题。泊头市是河北段大运河流经地区之一。调研小组在深入访谈泊头市民政局、卫计局、市妇幼保健院等部门的相关负责人并收集相关单位的资料后发现，泊头市养老服务与医疗卫生服务均有不同程度的发展。然而，在发展过程中也存在着服务人员专业化水平低、管理机制过于行政化、医养结合进程有待加快、政府支持力度有限、医保报销程序繁杂以及分级诊疗落实不到位等问题，这些均影响着泊头市养老服务与医疗卫生服务的进一步发展。针对泊头市养老服务与医疗卫生服务存在的问题，提出创新人才引进机制、完善医养结合相关法律制度、进一步加大政府扶持力度、简化报销程序和落实分级诊疗等措施，以期助力泊头市养老服务与医疗卫生服务的发展。

一、泊头市的历史回顾和基本概况

(一)历史回顾

1. 建制沿革

泊头市历史悠久，民风朴厚，环境优美，很早就成为百姓生息聚集区域。隋朝开凿大运河，促使泊头向集镇化方向发展；到唐朝，泊头已初具城镇规模。金大定七年(1167 年)设交河县，明洪武二十二年(1389 年)建泊头驿(泊关驿)。1946 年 5 月泊镇解放，设泊头市，后改为泊头镇，成为沧州地区单列镇。1982 年经国务院批准，县镇合并恢复泊头市建制。泊头在不同的历史时期有不同的归属和地名，具体见表 5-1。

表 5-1　泊头市建制沿革

时期	建制沿革
春秋	大部分属晋国，运河以东属齐国
战国	属赵国
秦朝	属巨鹿郡
西汉	分属乐成、成平和建成三县
东汉	建成县并入成平县，隶属乐成县和成平县
隋朝	分属弓高、景城(原成平县)和乐寿(原乐成县)
唐朝	先后隶属沧州、观州、瀛洲、深州等
北宋	设交河镇于石家圈
金朝	设交河县，设新桥镇于运河西岸，属交河县
明朝	属河间府。嘉靖三十年(1551 年)，修筑泊头城
清朝	属直隶河间府
1940 年	析交河县与献县置献交联合县
1944 年	析青县南部、沧县西部和交河县东北部置青沧交联合县
1946 年	成立泊头市
1949 年	撤销泊头市，恢复原交河县，改泊头市为泊头镇(县级)，隶属于沧县专区

续表

时期	建制沿革
1953 年	复置泊头市
1958 年	撤销泊头市，并入交河县，泊头改为镇，为县政府驻地
1982 年	恢复泊头市
1983 年	交河县撤销，其政区并入泊头市

资料来源于《沧州市志》编纂委员会：《沧州市志》(第一卷)，113～114 页，北京，方志出版社，2006。

该表中只选取了部分时期和对应时期的部分建制沿革，并未包含完整信息。——编辑注

2. 运河文化

京杭大运河是我国古代劳动人民创造的一项伟大工程，它始建于春秋时期，形成于隋朝，是沟通海河、黄河、淮河、长江、钱塘江五大水系，纵贯南北的水上交通要道。在 2000 多年的历史进程中，大运河不仅对我国经济发展和社会进步有着巨大的推动作用，而且为我国文化繁荣增添了色彩，孕育了一座座名城古镇。大运河在泊头市东部纵贯南北，穿城而过，经市境约 36 千米。

文化是民族的灵魂，是地域的精神支柱。文化的发展为地域政治安定、经济繁荣提供了良好的土壤和条件，促进了社会文明和经济的发展。泊头曾是运河重镇之一，现在则发展为渤海岸边的新城。以运河文化、工业文化等为代表的泊头文化，历史悠久，内涵丰富。

2017 年 3 月，泊头市投资了 1.06 亿元开始建设运河景观带改造工程。京杭大运河是穿越泊头的重要生态绿道，其中泊头市区段全长约 7 千米。为恢复运河生命力，泊头市围绕"经济强市，美丽泊头"建设，全力打造融滨河休闲区、运河文化展示区、入口景观区、运河风貌保护区、苗圃观光区等功能区为一体的改造工程。改造工程位于泊头市运河北段，全长约 1900 米，总占地面积约 569000 平方米。运河景观带设计理念最大限度保留了原苗圃和果林，着力恢复运河的自然生态；地被植物以野花组合为主，营造多层次的植栽空间；树木以本地树种为主，主要包括毛白杨、白蜡、国槐、栾树等。此

外，改造工程结合场地制定了商船员、漕运等 26 组场景大型雕塑，再现了泊头老码头的漕运记忆。

(二)基本概况

1. 地理位置

泊头市位于河北省东南部，东临渤海，南接山东，距北京约 250 千米，距塘沽港约 180 千米，距黄骅港约 120 千米。它东临南皮，西接武强、武邑，南连阜城，北交献县，东南隔运河与东光相望，东北与沧县接壤。泊头市总面积约 1006 平方千米，京沪铁路和南运河穿城而过，西距省会石家庄市约 190 千米，东北距沧州市约 40 千米。

2. 行政区划

截至 2016 年年底，泊头市辖泊镇、交河镇、富镇、齐桥镇、文庙镇、郝村镇、寺门村镇、洼里王镇 8 个镇及王武乡、四营乡、营子乡、西辛店乡 4 个乡，辖古楼、解放、河东 3 个街道办事处。该市共有行政村 657 个，社区居委会 27 个。

3. 经济发展

多年以来，泊头市地区生产总值连年增长，2016 年达到 215.78 亿元，经济发展态势平稳增长(见图 5-1)。2016 年泊头市城镇居民人均可支配收入、农村居民人均可支配收入分别达到 27758 元、12092 元(见图 5-2)。

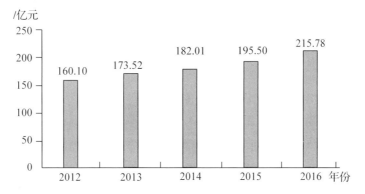

图 5-1　2012—2016 年泊头市地区生产总值

资料来源：《2016 年泊头市统计年鉴》。

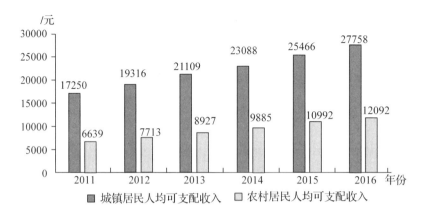

图 5-2 2011—2016 年泊头市城乡居民人均可支配收入

资料来源：《2016 年泊头市统计年鉴》。

在 2012—2016 年，泊头市处于经济快速发展时期，但是也暴露出一些问题。一方面，第二产业所占比重较大（见图 5-3），工业的发展造成环境污染，影响人民生活质量的提高；另一方面，根据 2012—2016 年的城乡居民人均可支配收入可知，虽然居民收入呈增长趋势，但是城乡居民收入水平差距较大。这些问题是泊头经济发展面临的难题。

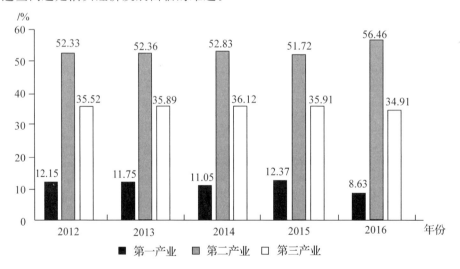

图 5-3 2012—2016 年泊头市地区生产总值的构成情况

资料来源：《2016 年泊头市统计年鉴》。

二、泊头市的养老服务

(一)公办养老机构

1. 基本情况

我国人口老龄化的特点主要是老龄人口基数大、老龄化与高龄化并行、进入老龄化社会时间短、城乡及地区差别较大等。2013—2016 年,泊头市 60 周岁及以上的老年人口持续增多,2016 年达到 112459 人,占全县总人口的 17.70%(见图 5-4)。根据国际标准,泊头市早已进入老龄化阶段。这一问题引起了市政府和社会的高度重视,市政府采取了相应措施。

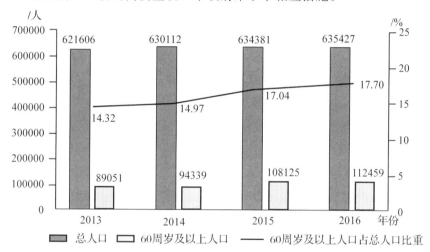

图 5-4　2013—2016 年泊头市人口老龄化状况

资料来源:《2016 年泊头市统计年鉴》。

泊头市民政局 2016 年信息统计资料显示,泊头市有 2 个公办敬老院:1 个名为泊头市中心敬老院,位于泊头市张庄子村;另 1 个名为交河敬老院,位于交河镇。2 个敬老院共有床位 436 张,实际占用床位 260 张。其入住对象以五保户为主。泊头市另有 1 个公办福利院,共有床位 150 张,实际入住 120 人,其入住人员多为有固定经济来源的退休人员。党的十九大召开以来,泊头市积极响应党的政策,以"老有所养,老有所乐"为目标,相关部门积极推动养老服务事业健康发展。截至 2016 年,泊头市建成农村幸福院 313 家,拥有床位 1030 张，为村民提供了养老的场所。①

2. 发展状况

(1)三院一站，整合资源

调研小组在泊头市民政事业服务中心了解到，位于张庄子村的民政事业服务中心是由泊头市中心敬老院、光荣院、福利院与救助站整合起来的"三院一站"服务中心。2001 年，泊头市筹建光荣院，用于接收抗战英雄。泊头的交通运输发达，且紧邻山东省，人口流动大，为有效管理流浪者，政府于 2002 年筹建救助站。泊头市救助站是目前我国为数不多且较为完善的县级救助站。2007 年筹建敬老院，2009 年筹建福利院。福利院给有需求的老年人提供机构养老服务，这既增加了养老机构的收入，也缓解了政府的财政压力。"三院一站"这项举措不但有利于为老年人提供高标准服务，满足群体的多样化需求，而且充分利用并整合了养老服务资源，大大提高了政府的管理效率。

(2)医养结合，初显成效

调研小组从泊头市民政事业服务中心刘院长那里了解到，几年前的养老院，配有药房，并且外聘医生，可以进行心电图、B 超、血常规等检查。近几年来，养老院与泊头市中医院协作，降低了运行风险，缓解了财政压力，提高了服务水平。养老院不仅有常驻的中医院医生，主要针对常见的老年病给予医治，而且配有 24 小时救护车。如果有常驻医生医治范围之外的医疗情况，直接转入中医院，医疗费用主要由医疗保险承担。

(3)院民参与，彰显主人翁精神

泊头市中心敬老院始终坚持以人民为中心的办院理念，注重发挥老年人的参与作用。其典型做法是推选出由院民组成的伙食委员会，广泛征求和听取院民在生活与伙食方面的意见和建议，并据此制定每周食谱，这样既保证了饭菜的多样化，又满足了院民们的营养需要。让院民参与自己的大事小情，提高了院民的主人翁意识，也提高了中心敬老院的管理效率。

(4)开展文化活动，丰富精神生活

为了更好地开展文化活动，泊头市中心敬老院加大对硬件设施建设的财政投入。一是建立了老年人阅览室，购进中外名著并订阅《沧州晚报》《燕赵都

---

① 数据来源于 2017 年 7 月 14 日对泊头市民政局的访谈资料。

市报》等供老人们阅读，培养了老人们的兴趣爱好，丰富了老人们的精神生活。二是食堂二楼的大型多功能厅投入使用，它可供老人们做保健操、跳老年舞蹈使用，使老人在运动中得到快乐，在快乐中收获健康。三是重大节日邀请专业人士为老人们表演，如重阳节曾经邀请市戏曲协会的演员来为老人们登台表演。

（二）民办养老机构

1. 基本情况

福星园养老社区是孝道文化浓郁的高档养老社区，总建筑面积 33000 平方米，共有医疗和养老床位 660 张。该养老社区由护理院、老年公寓和综合服务中心 3 部分组成，开创了医疗、养老、康复相结合的全新护理模式，旨在用周到的服务让老人享受到老有所养、老有所依、老有所乐的幸福生活。福星园护理院是按照国务院"养老机构设置医疗机构""推动医养结合发展"和卫计委"大力发展护理院"的指示精神，在福星园老年公寓基础上，经卫生行政管理部门批准成立的医疗机构，也是泊头市城镇职工、城镇新农村合作医疗保险定点医疗机构。福星园老年公寓是一所居家式养老和结构式养老相结合，集生活起居、休闲养生、文化娱乐于一体的高舒适度的养老机构。其综合服务中心配备了强大的接待服务和物业服务团队以及一流的服务措施，设有餐厅、客房、多功能厅、棋牌室、茶饮室、乒乓球室、健身室和洗衣房，为入住老人和探望老人的子女及亲朋好友提供高质量的服务。

2. 发展状况

（1）孝道文化园，传承孝道文化

家庭养老是中国主要的养老方式之一。目前，中国大部分老年人依靠家庭成员的互助来安度晚年。他们不仅需要物质上的帮助，生活上的照料，而且需要精神上的慰藉。家庭养老是我国普遍认同的养老模式，它存在的思想基础就是传统的孝道观念，但是随着改革开放形势的发展，家庭养老的功能有日益弱化的趋势，传统的孝道观念开始淡化。在这样的情况下，宣扬传统孝道文化，积极倡导尊老、敬老、助老的传统美德，具有非常重要的现实意义。福星园养老服务中心建设了孝亲文化长廊、儿童乐园、新二十四孝林、孝道文化馆等。在孝道文化潜移默化的影响下，福星园成为老年人信赖的养老场所。

（2）提供多种养老服务，满足多样化需求

泊头市福星园秉持"替天下儿女尽孝，帮世上父母除病痛，解群众医养之忧愁，为和谐社会添光彩"的服务理念，坚持致力于提升广大老年人的生活品质。以机构养老为依托，泊头市福星园老年公寓、福星园护理院建立了机构养老、社区养老、居家养老、旅居养老、康复医学、生命关怀体系，努力打造养老群体全覆盖。福星园在安居社区和裕康花园社区都修建了社区养老服务中心，面向社区和周边居民提供各类养老服务，并以社区老年服务中心为基点，通过热线电话服务平台，为居家老年人提供多样化的居家养老服务。福星园不仅提供多样的服务，而且注重满足老年人的情感需求，更重要的是结合机构养老和居家养老的特点，调节养老服务中的供需平衡，提升养老服务效率，满足老年人社会化养老服务需要，为其提供安定、安全、健康、幸福的生活。

（3）提供养老服务资金支持，向产业化方向发展

目前，中国养老服务体系已初步形成，但现代养老服务产业发展落后，养老服务事业供给效率低。由于养老机构前期成本投入大、回收期长，民营资本很难进入养老服务业。养老服务业需要一定的资金支持，与多方合作发展，形成产业化，才能获得长足发展。2012年，福星园养老服务中心建成。钮院长是泊头市房地产行业的企业家，她致力于公益项目建设，为福星园养老服务中心的迅速发展提供了厚实的资金保障，福星园养老社区也不断朝着产业化方向发展。

（三）存在的问题

1. 服务人员专业化水平低且从业人员少

首先，养老服务队伍以女性工作人员为主，整体年龄偏大。她们既要做好自己的本职工作，又要照顾自己的家庭，经常顾此失彼。其次，公办养老机构服务人员的月薪在1500元左右，民办养老机构服务人员的工资稍高，维持在2500～4000元不等。服务人员不仅要照顾老人的生活起居，还要关注老人的精神状况，由此产生了劳动投入与回报失衡的问题。最后，大部分养老服务人员专业化水平偏低，在很大程度上不能满足养老服务的需求和发展。

总的来说，在养老服务业的服务人员方面存在"两高三低"的问题，即人员流动率高、劳动强度高、工资收入低、社会地位低、服务水平低。

2. 管理机制过于行政化

据泊头市民政事业服务中心刘院长介绍，公办养老机构缺乏自主性。泊头市公办养老机构的管理机制主要存在以下 4 个问题：第一，养老服务中心与主管民政部门依旧是行政依附关系，机构缺乏灵活性。在行政管理上，一般都参照民政机关的管理方式和管理经验，而没有针对养老机构自身特点制定管理政策和制度。第二，通常情况下，机构用人没有自主确定岗位需求和员工人数的权力。第三，机构实行收支两条线管理，机构需要资金要向上级民政部门申请，限制了机构的自主运营能力。第四，公办养老机构属于国家行政机关或事业单位，对公办养老机构的监管相当于自己监管自己，监管水平较低。正是以上问题的存在，使得公办养老机构运行程序烦琐，缺乏活力，真正的"公建民营"有待落实。

3. 医养结合进程有待加快

医养结合是医疗和养老相结合的养老模式，可促进医疗卫生资源进入养老机构、社区和居民家庭，其优势在于整合养老和医疗两方面资源，为老人提供持续的服务。目前，我国养老服务与医疗服务工作的开展主要以部门规章、政策文件为指导原则。现有的政策规定中，对于医养结合没有具体合作标准，人们仍需在摸索中前进。具体而言，泊头市养老机构与医疗机构发展不平衡，医疗机构的发展明显超前于养老机构，二者在资源利用、政策把握上也不尽相同，在一定程度上阻碍了泊头市的医养结合进程。相比较而言，泊头市的福星园养老机构医养结合程度比中心敬老院要高。因为护理院是在福星园老年公寓基础上，经卫生行政管理部门批准成立的医疗机构，是泊头市城镇职工医疗保险、城镇居民医疗保险及新农村合作医疗保险定点医疗机构。

4. 政府财政支持力度有限

养老产业具有前期投入大、回收周期长的特点。泊头市大多数养老机构处于略微赢利或者收支相抵的状态，有的甚至处于亏损状态。当地政府对养老产业的支持力度不足，导致民办养老机构难以为继，管理运营难度加大，由此引起了当地养老产业的连锁反应，养老机构因资金缺乏难以改善机构设施和招聘优秀护理人员，从而无法吸引老人入住，入住率低则进一步造成了机构资金缺乏，资金缺乏还使机构难以扩大规模形成规模效应，从而无法降低居高不下的经营成本，进一步造成机构发展后劲不足。

三、泊头市的医疗卫生服务

(一)医疗服务

1. 基本情况

2009—2015 年，泊头市医疗卫生机构维持在 20 个。2016 年，医疗卫生机构数量有大幅度增加。

2009—2016 年，泊头市医院床位呈现曲折变化，但总体上表现出增长态势。2013—2015 年，增长较为突出；2015—2016 年，呈现下降趋势(见图 5-5)。

图 5-5　2009—2016 年泊头市医院床位变化图

资料来源：《2016 年泊头市统计年鉴》。

2010—2016 年，泊头市医疗卫生支出情况呈先增长后下降的趋势。2010—2015 年，泊头市医疗卫生支出逐年增加，2016 年，出现下降趋势，但整体表现出较稳定增长的态势(见图 5-6)。可见泊头市政府对医疗卫生事业支持力度总体上较大。

图 5-6 2010—2016 年泊头市医疗卫生支出情况

资料来源：《2016 年泊头市统计年鉴》。

2. 发展状况

（1）满足多样化需求，建立立体化服务体系

泊头市医院深入贯彻"满足多样化需求"的理念，通过建立立体化服务体系，为当地人民提供了安全的服务保障。

泊头市医院致力于打造立体化服务体系，将国医馆、康复科、家庭化产房以及医疗美容科整合于一体。泊头市医院国医馆是一家集中医诊疗、科研、中医养生、健康管理、学术交流等服务于一体的人文中医馆。国医馆诊疗全面，涵盖了中医内科、中医外科、中医妇科、儿科、针灸、推拿、正骨等专业。为进一步提高泊头市医院中医药的服务水平，拓展中医药服务领域，不断完善覆盖城乡的中医医疗服务体系和保障服务体系，国医馆依托优秀的专家团队，针对各类疑难杂症为广大群众提供一对一的个性化综合性服务，大大缩小了泊头市医院的中医药事业和广大人民群众的医疗需求之间的距离。

泊头市医院康复科是以国内外先进仪器设备为基础，集针灸、推拿、理疗、功能康复训练及社区服务为一体的综合性康复科室。它采用了多种先进的评估、诊疗设备，由专业医护人员治疗队伍，紧紧围绕"以病人为中心"的服务理念，竭力为患者提供专业、规范、有效、优质的康复医疗服务。

泊头市医院家庭化产房以产妇为中心开展医疗服务，无须转运（手术除外），全程有家人陪伴和固定医护人员服务。房间配套设施齐全，配有隐藏式

医疗设备、新生儿洗浴设施、中央监护系统，有独立客厅和卫生间，可以提供 24 小时冷热水，还有中央空调、网络电视等。一体式的生产套房，由妇产科医师直接来房为产妇接生，以家庭为中心，营造出像家一样温馨的氛围。

泊头市医院医疗美容科是一个集整形美容、皮肤诊疗、激光美容为一体的现代化专业医疗美容综合科室。该科室开展以皮肤为核心的多种类型的诊疗项目，开展激光美容、微整形和整形三个项目。其志在建设成技术领先、学科齐全、设备先进的国内标准化整形美容中心。

（2）强调中医医疗，发扬中医文化

泊头市中医院设内科、外科、妇产科、儿科、骨伤科、脑病科、康复科、眼科、耳鼻喉科、口腔科、皮肤科、肛肠科等 16 个临床科室，以及 7 个医技科室。2016 年，泊头市中医院被评为"泊头市文明单位"和"泊头市卫生系统先进单位"。虽然目前中医院建筑有些陈旧，床位供应紧张，但是政府已给予财政支持，为其筹划建设新的场地。

泊头市中医院充分发挥中医药特色。一是平时注重中药的使用，把中药使用率加入科室全面质量考核之中。二是充分开展中医特色疗法。在开展针灸、火罐疗法、康复、理疗等的基础上，中医院先后推出"三伏贴""三九贴"。三是通过开展中医药下乡活动，扩大中医药影响，使其能为更多的群众服务。四是加强中医文化建设。设置中医诊区，装修风格体现中医药文化特色；举办健康大讲堂，定期为病人及家属讲解中医药健康知识，门诊区、住院区等地悬挂体现中医药文化特色的牌匾，营造让群众认识中医、了解中医、感受中医的文化氛围。

（3）简化工作流程，方便人民生活

泊头市医院本着"以病人为中心"的理念，增设了许多简化流程的设施和装备。气动物流传递系统是利用传输管道将医院各科室、护士站、手术室、中心药房、检验科等工作点连接起来的一种自动化快速传送系统。它以压缩空气为动力，借助机电技术和计算机控制技术，通过网络管理和全程监控，利用管道将载有物品的传输瓶输送到目的地的，用于医院内部各种日常医用物品的自动化快速传递。气动物流传递系统不仅提高了医院各部门的工作效率，为抢救患者赢得了时间，也大大降低了医院的出错率。另外，泊头市医院与中国农业银行合作增设了自动挂号缴费机，简化了住院缴费流程，这样既避免了患者及其家属排队等候的问题，也大大节省了医院的人力、财力。

为了提高医疗质量，减轻患者就医成本，泊头市医院率先投入使用了远程会诊平台，并配备了移动远程会诊车，方便危重症、活动不便的患者进行床头远程会诊。患者及家属可以根据自身病情提前到医院进行预约，并提供检查报告，预约成功后，市医院的医生、患者及家属就可以在远程会诊室和北京及省内的专家进行一对一诊疗。泊头市医院远程会诊系统的开通，为医院开展技术指导与解决疑难问题打开了便捷、高效之门，也省去了患者及家属的奔波之苦，节省了费用和时间，同时也提升了医院对于疑难危重病人的救治能力和医院整体服务水平。

（4）增加单病种收费项目，实现临床路径目标

临床路径是指对服务对象健康负责的所有人员，包括临床医学专家、护理专家、药学专家、心理学专家、营养师、检验人员以及行政管理人员等，联合为某一疾病建立一套标准化的服务与管理模式，其内容根据不同疾病、不同手术、不同医院、不同病房、不同医生等而有所不同，一般应包括预期效果、评估、多学科服务措施、病人及其家属的相关教育、会诊、用药、活动、检验与检查、治疗和出院计划等内容，临床路径是一个用系统管理的科学手段进行管理的照顾模式。单病种付费是指在对某一单纯性疾病付费进行测算的基础上制定相应支付标准，是患该疾病的患者，从入院到最终达到临床治愈标准出院的整个治理过程中所发生的各类就医费用（包括各类检查、化验、治理、住院床位、护理、手术、医疗材料用药等费用）的总和。

据泊头市医院医务科安科长介绍，2017 年泊头市医院按单病种收费的有8 个。泊头市医院利用了临床路径与单病种付费方式在医疗费用控制方面相辅相成的关系。一方面，单病种付费是实施临床路径的助推器；另一方面，实施临床路径是单病种付费顺利开展的有效途径。

（二）公共卫生服务

截至 2016 年年底，泊头市拥有医疗卫生机构 672 个，拥有医疗床位 1382张。在公共卫生宣传上，泊头市疾病预防控制中心（以下简称泊头市疾控中心）负责宣传疾病预防和宣传工作。2017 年，泊头市疾控中心多次组织疾病预防及宣传工作，积极践行政策内容。泊头市医疗卫生服务发展的具体情况

如下。

1. 清理行政事业性收费，减轻企业和个人负担

2017 年 3 月，财政部、国家发展改革委发布《关于清理规范一批行政事业性收费有关政策的通知》。为切实减轻企业和个人的负担，促进实体经济的发展，经国务院批准，清理规范一批行政事业性收费项目，其中涉及卫生计生部门的有两类：一是停征的涉及企业行政事业性收费，包括卫生检测费和委托性卫生防疫服务费；二是取消的涉及个人等事项的行政事业性收费，包括预防性体检费。泊头市疾控中心赵主任介绍，泊头市疾控中心于 2017 年 5 月已完成此项工作，并预测每年的财政定额补贴会超过 240 万元，此措施会大大减轻企业和个人的负担，促进社会经济发展。

2. 加强疾病预防宣传，提高居民健康意识

泊头市疾控中心健康教育宣传力度大、宣传方式多样，他们不仅在卫生日与电视台一起到社区、学校、农贸市场等场所进行宣传教育，而且在报纸上专门设有"回头见"栏目以供宣传卫生健康知识。另外，泊头市疾控中心还举办了"关注妇女，遏制艾滋""癫痫关爱日活动"和"泊头市世界脑卒中日宣传"等多种主题的疾病预防宣传活动。通过对疾病预防的宣传，居民更加了解和熟悉相关疾病，达到了早期预防、早期治疗、早期康复的目标，进而改善、维护和促进了个体及社会的健康发展状况和文明建设程度。

3. 开展预防接种工作，迈向信息化和数字化

为进一步提升泊头市预防接种服务水平，切实为辖区适龄儿童提供优质、安全的预防接种服务，泊头市疾控中心预防接种数字化门诊于 2018 年 1 月 16 日投入使用。数字化门诊投入使用后，适龄儿童到泊头市疾控中心接种疫苗，家长只要扫描接种证的条形码预约取号，便可根据语音提示，完成疫苗的接种及留观，显示屏将显示从登记到留观的整个过程。此举解决了以往接种门诊人多排队拥挤、等待时间长、留观时间不稳定等方面的问题。疫苗对温度的要求非常严格，在运输储存中需要全程冷藏，接种门诊数字化后实现了冷链温控的定时自动上传，冷链温度异常短信提醒，更好地保证了疫苗的效价，真正为辖区儿童提供了方便、快捷、高效的预防接种服务。

　　2013—2017年，泊头市卫生服务事业稳步发展，取得了一定的成效。从图5-7可以看到，泊头市人口建档率一直保持上升趋势，高血压患者规范管理率和糖尿病患者规范管理率在2015年有一个断崖式的下降，随后逐步上升，精神疾病患者规范管理率呈下降趋势。

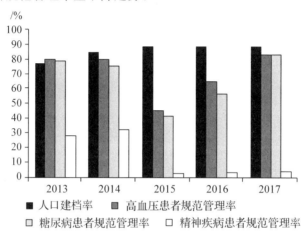

图5-7　2013—2017年慢性病工作及精神疾病管理情况

资料来源：泊头市疾控中心2017年工作总结。

4. 开展预防接种工作，提高食品微生物检测能力

　　泊头市疾控中心实验室是沧州市为数不多的通过省级资质认证和食品检验机构资质认证的实验室。泊头市疾控中心实验室于2017年12月初接到河北省能力验证中心的通知，按要求参加食品微生物能力验证，是沧州地区有能力参加此次验证的少数实验室之一。泊头市疾控中心实验室积极准备试剂及实验用品，在收到样品后，克服了人员少、任务重、设备老旧等困难，积极投入实验，经过认真实验，准时出具实验结果。2018年1月12日，泊头市疾控中心收到中国检验检疫科学研究院测试评价中心能力验证结果通知单，顺利通过此次验证，具备食品微生物检测能力。

(三)存在的问题

1. 人才流失现象严重，影响医疗水平提升

　　人才不足与人才流失严重是泊头市整个医疗卫生服务领域亟待解决的难题。在调研过程中妇幼保健院的韩院长谈道，该院的儿科医生紧缺。此

外，泊头市中医院的陈院长介绍，中医院存在严重的人才流失现象。她提到医生招聘不存在问题，但是医生一进入行业便需要到更高级别的医院进行规培，而规培定点医院同样急需人才，并且规培定点医院可以提供给医生更好的待遇，因此大多数医生便留在了规培医院，导致泊头市中医院的人才流失严重。

2. 医保报销程序复杂，灵活性有待提高

2016 年 1 月，国务院印发《关于整合城乡居民基本医疗保险制度的意见》。整合城乡居民基本医疗保险是整合城镇居民基本医疗保险和新型农村合作医疗这两项制度，它是推进医药卫生体制改革、实现城乡居民公平享有基本医疗保险权益、促进社会公平正义、增进人民福祉的重大举措，对促进城乡经济社会协调发展、全面建成小康社会具有重要意义。经调研小组观察，泊头市医院医保处设有 4 个城乡居民基本医疗保险窗口，2 个职工医疗保险窗口。但是经采访泊头市医院医务科安科长，调研小组了解到患者的医疗保险报销程序仍然比较烦琐。入院时，患者需要在入院 24 小时内带诊断证明、住院押金条、社会保障卡(无卡持身份证或户口本)，职工医保必须携带社会保障卡，到一楼城乡居民医保科登记备案。出院时，需要患者或其家属首先到值班室医生那里开具诊断证明和出入院证明，再到护士长那里办理出院手续，然后持以上手续和患者身份证复印件(儿童住院需带户口簿儿童页复印件)、代办人身份证复印件到一楼城乡居民医保科审核，审核后，持全部押金条到出入院中心结算报销。

繁杂的报销程序导致一系列问题：第一，出入院手续复杂，医疗报销程序烦琐，无形之中给患者及其家属带来诸多不便；第二，医保工作人员数量不足，时间紧张；第三，由于集中办理报销人员较集中，常常出现服务器瘫痪等一系列技术问题。医保科工作人员也反映，希望提高医保报销灵活性，达到与沧州市统一的局面，使医保报销在相应护士站即可完成。

3. 分级诊疗落实难，医疗资源浪费多

据泊头市医院医务科安科长介绍分析，泊头市医院与沧州市中心医院为医疗联合体，是人民医院对口支援单位，并且 4 个乡镇医院、5 个卫生院以泊头市医院为中心形成医疗联合体。为积极落实国家政策，泊头市医院于 2016 年取消了转诊手续，但是仍存在分级诊疗不到位的问题，主要表现为向上转诊容易向下转诊难。之所以出现这种现象，主要有以下 3 点原因。

第一，地理位置使然。泊头市距沧州市仅 40 千米，许多人宁愿花钱去较具实力的沧州市级医院就医。第二，患者及其家属的心理因素。传统的就医习惯仍未改变，人们仍然认为公立医院比私立医院正规，大医院比小医院就医有保障。基层医疗机构条件有限，使人们对其服务水平有所担忧，加之近年来一些小型民营医疗机构暴露出来一些问题，在一定程度上造成了人们大病小病都往三甲医院跑，基层医院少有人问津的局面。第三，医疗资源分布不均，基层优质医疗资源紧缺。基层首诊是分级诊疗的前提和基础，基层医疗机构必须具备一定的能力才能承担首诊任务。目前，我国基层医疗机构人才较少，工作人员学历低，医疗水平较低，医护、技术人员总量不足，刚毕业的医护人员到基层工作的积极性不高；另外，基层设施差，设备落后，药品不全，致使就医环境简陋。这使得基层医疗机构的发展受到阻碍，满足不了人们的医疗服务需求，从而导致基层首诊率不高。泊头市也存在同样的问题，"小病在基层，大病去医院，康复回社区"的医疗格局很难实现。

四、发展泊头市养老服务与医疗卫生服务的建议

（一）养老服务方面

1. 加强养老机构专业人才队伍建设

据了解，泊头市养老机构的大多数服务人员是没有接受过正规培训的下岗失业人员、农村剩余劳动力等。泊头市政府和相关机构需要引入专业的社会养老服务工作者和社会工作专业的高校毕业生从事养老服务工作。另外，政府要支持养老服务机构的工作，壮大养老服务人员队伍。

为此，要探索政府扶持、以市场为导向、以家政公司为媒介的培训、鉴定、供需"三位一体"的长期合作模式。市政府应开设养老服务相关专业的培训会，有计划地对当地就业人员进行与养老服务有关的社会工作、老年心理学、护理与康复等的培训，提高养老服务行业人员的职业道德、业务技能和服务水平。此外，要大力引进高等院校和职业学校相关专业的学生到养老机构去实习与实训，并参照企业见习补贴标准给予补贴。

志愿者是社会养老服务机构的重要组成部分之一。要依托专业的养老服

务机构，加快培育泊头市社会化养老服务志愿者队伍。以"服务社会、帮助他人"为服务宗旨，进一步弘扬敬老、养老、助老的志愿精神，积极推动本市各类养老服务机构和社会各界志愿力量开展结对活动，建立爱心企业与养老服务机构挂钩联系帮扶制度，逐步形成以专业人员为骨干、以志愿者为补充的助老服务队伍。要加强老年人力资源开发，发展老年志愿服务。鼓励退休、离职老年人发挥自身价值，积极加入志愿者队伍中，为高龄老年群体提供帮助和服务，实现老有所为，成为最美"夕阳红"。

2. 加快公建民营建设

坚持以新发展理念引领经济发展新常态，坚持中国特色卫生与健康发展道路，持续深化简政放权、放管结合，优化服务改革，积极应对人口老龄化，培育健康养老意识，加快推进养老服务业供给侧结构性改革，保障基本需求，繁荣养老市场，提升服务质量，让广大老年群体享受优质养老服务，切实增强人民群众获得感。养老机构的公建民营是社会化的重要方式之一，泊头市相关部门应通过公建民营来解决养老服务需求与养老服务供给不足的矛盾，完成对当地养老机构的改革探索，破解其面临的法律、产权、机制、市场等各方面的问题。

第一，应加快公办养老机构改革。泊头市政府应结合本地实际情况，加快推进具备向社会提供养老服务条件的公办养老机构转制成为企业，或鼓励社会力量通过独资、合资、合作、联营、参股、租赁等方式参与公办养老机构改革。第二，完善公建民营养老机构管理办法。政府投资建设和购置的养老设施、新建居民区按规定配建并移交给民政部门的养老设施、国有单位培训疗养机构等改建的养老设施，均可实施公建民营。第三，改革公办养老机构运营方式，鼓励实行服务外包。养老机构公建民营是中国养老机构改革中的一个重要举措，是充分利用社会资源参与养老事业、提高养老资源利用效率、提升养老服务品质的重要方式。

3. 推进医养结合相关政策落实

立法先行是保障医养结合可持续发展的基础。泊头市政府应该根据当地的实际发展情况，有计划、有重点、有步骤地推行相关法律法规建设，确保相关政策得到落实，从而推动医养结合的进一步发展，保障医养结合保险制度的顺利实施和医养结合保险市场的规范运行，使参保对象和医养结合保险各主体机构的权益能得到切实保障。

医养结合是养老服务与医疗卫生服务两个领域的跨界合作与融合，推进这两个领域协调发展的难度很大。泊头市养老机构与医疗机构发展不平衡，医疗机构的发展明显超前于养老机构，二者在资源利用、政策落实上也不尽相同。因此，泊头市政府在医养结合发展进程中需要强化职责，做到不缺位，促进养老服务与医疗卫生服务的平衡发展。一是促进养老服务与医疗卫生服务的协同发展。医养结合基于传统养老服务与医疗卫生服务，也是对传统服务内涵和外延的拓展和延伸，在规划时需要考虑已有养老服务与医疗卫生服务现状，充分利用和整合现有资源，并考虑人口老龄化及其需求特点，长远规划，均衡发展。二是加强多部门协同合作。医养结合的发展涉及多部门，其发展关键在于政府对多部门政策的协调成效。政府部门要充分认识到自己的责任，建立统一的老年长期护理制度，明确各方责任，打破条块分割，对以医养结合方式经营的医疗机构或者养老机构给予政策支持。三是完善服务与监管体制。政府的一个重要职责是提供公共服务，如完善机构审批流程，在相应的基础设施方面提供优惠条件，加强监管，维护规则和秩序，促进行业良性发展。泊头市政府应紧随政策变动，完善医养结合规划，加强多部门协同合作，完善服务与监管体制。

4. 进一步加大政府扶持力度

针对泊头市养老产业"投资大、周期长、见效慢"的特点和民办养老机构运营成本居高不下的现状，政府应当加大对民办养老机构的支持力度。社会福利"私营化"并不是意味着政府可以回避责任，它只是改变了政府履行责任的方式而已。泊头市政府应保证民办养老机构应该享受的种种优惠政策落到实处，在此基础上逐步提高补助标准和扶持力度，尤其要加大对愿意接受生活不能自理的老年人和解决生活不能自理的老年人入住难的问题的民办养老机构的扶持力度。政府通过加大扶持力度，引导民办养老机构在满足入住老年人底线型需求的基础上进一步满足其发展型需求，并逐步向满足个性化需求方向迈进。泊头市政府应该对民办养老机构进行营利和非营利属性划分，并进行分类管理，在财政支持上适当向非营利性质的民办养老机构倾斜，鼓励非营利组织投资捐资兴办民办养老机构。

(二)医疗卫生服务方面

1. 洞悉人才流失原因，创新人才引进机制

人才是单位的生命力，人才流失将使企业蒙受损失。针对泊头市医疗和卫生服务部门人才不足和人才流失严重的现象，经分析，其原因可分为3点。一是个人原因。单位不能给予员工理想的薪资和待遇，导致员工有离职的倾向，如泊头市中医院人才流失较为严重、妇幼保健院儿科医生短缺，这些问题的存在在很大程度上是因为单位满足不了员工想要的薪资和待遇。二是单位原因。单位激励机制不健全，未能建立有效的评估体系，缺乏合理的薪酬结构，未能建立针对核心员工的长期职业发展规划等，这些问题的存在使得人才频频跳槽。三是竞争对手原因。因为与竞争对手之间的人员和技术有很强的替代性，并且竞争对手往往开出优厚的条件，所以更容易招揽到优秀人才。泊头市中医院的人员经过规培后大多不会回到本医院就是因为对手较强，能够给予员工更优厚的条件。因此，要解决人才不足及人才流失问题应从人才引进机制入手，而创新人才引进机制框架主要是两大层次和三大环节。两大层次即制度层次和执行层次，三大环节即人才引进计划、人才评价和选拔以及选拔后的人才使用的监督跟踪。

第一，人才引进计划是医疗卫生部门创新发展的需要。要确保人才招聘渠道和引进方式的匹配，主要分为短期引进和长期引进。泊头市的人才引进，可以参考表5-2和表5-3的模式。

表5-2　医疗卫生机构短期引进人才模式

引进方式	引进渠道	引进办法
内部选拔	医疗卫生机构现有人员	短期挂职或任职，上级组织拟订人选、考察、公示、任命
外部招聘	国内医疗卫生领域知名专家、境外相关领域创新型人才	短期聘任、考察、任命

表5-3　医疗卫生机构长期引进人才模式

引进方式	引进渠道	引进办法
内部选拔	医疗卫生机构现有人员	按考试、面试、业绩等综合因素选拔
外部招聘	本科以上优秀应届毕业生	按考试、面试综合成绩选拔
	医疗卫生领域创新人才	按考试、面试、业绩等综合因素选拔

第二，人才评价和选拔为确定适当候选人提供依据。不仅要建立评价指标体系公示、评价方法公示、评价结果公示等制度，而且要对人才评价工作建立相应的监管机制，对评价过程中出现的徇私舞弊现象建立惩罚制度，以保证评价工作的透明、公示，提高选拔结果的认可度。

第三，医疗机构、部门缺乏积极性的根本原因在于缺乏健全的制度。人才的引进、使用和激励成本都比较高，为提高人才的使用效率，不仅应该建立人才监督制度和跟踪制度，而且应建立相应的考核体系和人才流动机制，在掌握人才工作情况和流动情况的同时，及时发现引进人才各个环节的问题并加以解决。

2. 简化报销程序，方便群众生活

基本医疗保险制度是补偿劳动者因疾病风险所造成的经济损失而建立的社会保险制度，是我国社会主义市场经济环境下的社会保障体系的重要组成部分。基本医疗保险解除了劳动者的后顾之忧，使其安心工作，保证了劳动力的正常再生产。它具有公平性、社会性、覆盖面广等特征，在民生保障方面发挥着不可忽视的作用。然而，泊头市医疗卫生机构医疗报销过程烦琐、速度缓慢，使其重要作用大打折扣。

首先，基本医疗保险仍然处于不断发展的阶段，容易被人"钻空子"，出现伪造病例的现象。例如，泊头市个别人有时为获得更多的医疗报销金额，会谎报伤情，给相关工作人员带来许多不必要的麻烦。因此，应该尽快完善基本医疗保险制度，建立医疗保险体系的监督和问责制度，使之走上规范化、科学化的道路。其次，信息技术是医疗保险体系运转的重要技术支持。只有加快信息化建设，加速信息化进程，泊头市医疗保险体系才可以健康、高效运转，才不会出现因技术问题而导致系统瘫痪的情况。另外，需要整合基本医疗保险资源，改革基本医疗报销程序。泊头市现行基本医疗报销程序繁杂，这也是造成基本医疗保险报销速度缓慢的主要原因之一。实现医保对象、医疗机构和医保机构3个主体的直接连接既可以保障医保效率，也能够大大减少报销流程，加快报销速度。这3项举措应同步进行，并贯穿于建设和改革的各个环节，单纯进行一项是不可行的。但在任何情况下都要遵循一个最重要原则——实现患者的最大利益。唯有这样，基本医疗保险才能真正做到保障民生。

3. 改革体制机制，落实分级诊疗制度

2009 年，中共中央、国务院发布的《关于深化医药卫生体制改革的意见》提出"逐步实现社区首诊、分级医疗和双向转诊"。党的十八届三中全会也提出要建立完善合理的分级诊疗模式。国家提倡的分级诊疗是"基层首诊，双向转诊，上下联动，急慢分治"，以达到"小病在基层，大病去医院，康复回社区"的医疗格局。分级诊疗就像一条现代化工厂里高度自动化的流水线，医疗效率是非常高的，但理想和现实存在一定差距。

泊头市在分级诊疗制度建设过程中存在问题，需要提高基层卫生机构服务能力。分级诊疗要求患者遵循"基层医疗机构—二级定点医疗机构—三级定点医疗机构"逐级转诊的程序，然而泊头市基层医疗机构短期内缺乏承担首诊的服务能力。为了看好病，人们一般愿意花更多的钱、走更远的路上更高级别的医院找名医。首诊医疗机构缺乏较高水平的医生队伍，往往难以取得群众的信任。要想提高基层医疗服务水平，重中之重是加强基层医疗卫生服务的能力，关键是发展社区全科医生，加大对社区全科医生的培养力度，设法提高其待遇水平，使其愿意在基层工作，同时也要增强群众在基层就诊的意愿。

2017 年 10 月，党的十九大报告提出实施健康中国战略。"要完善国民健康政策，为人民群众提供全方位全周期健康服务。"全民健康是建设健康中国的根本目的；全民医保是连接健康中国相关要素的纽带，而全民医保又与分级诊疗通过价格杠杆进行互动。通过医保制定不同医疗服务内容的合理报销比例，设置不同级别医疗机构之间的报销级差，进而使得基层医疗机构具有相对价格优势。医保能够主动引导医疗资源配置，促进分级诊疗体系的建立。

除了提高基层医疗卫生服务的能力，还需要加强不同医疗机构之间的分工协作。在社会主义市场经济体制下，各级医疗机构之间以竞争为主。本来80% 左右的患者应该在一级、二级医疗机构看病，三级医疗机构解决剩下的20% 左右的疑难杂症，但事实相反，造成这一现象的一个重要原因是医疗机构之间以竞争为主，缺乏分工协作。泊头市需要明确不同医疗机构的功能定位，建立完善转诊标准和转诊程序，加强不同医疗机构之间的分工协作。

附

孝道文化馆

孝道文化馆入门处是一个漂亮的月亮门造型，里面投影播放的是关于孝道的视频。

入门左手侧墙面是老一辈革命家的孝道故事，虽然他们为了革命工作不能侍奉在父母身边，但是只要有机会，他们就会用不同的行动尽孝心、行孝道。老一辈革命家的行为，不仅影响着他们的后代，也影响着我们。

孝道展柜中陈列的是与孝道相关的藏品，主要是有关的家规、家训等。展现传统家训中敬为孝先、以功显亲以及慈孝相应等思想，借鉴传统家训孝道教化以身立教、注重践履、家风陶冶的做法。

孝道历史部分包含的关于敬老、养老的专门史料可以追溯到 2000 多年前，主要介绍了我国孝道的由来、孝悌思想以及历朝历代的孝道文化。

几千年来，孝德不仅是中华民族的精神血脉之一，而且渗透演化为鲜活的人文习俗。丰富多彩的民族之孝和世代传承的民俗之孝也是展馆内的一大展示亮点。

孝道海报部分以时光、母亲的谎言、那些记忆、现代人孝敬父母要做的事为主题，用触动人心灵的表现方式，挖掘出人们内心深处对于父母的感恩之念。告诉人们尽孝要趁早，不要再犹豫，不要再拖延，看看能为父母做些什么，用心用力去爱我们的父母吧，趁他们还健在。

梨乡道德风貌展示了 30 个典型道德模范，让大家学有楷模。在这些当代孝道故事中，我们可以看到子女对父母的爱，这就是孝的力量，是孝让人克服了重重的困难。

资料来源：泊头市福星园养老服务中心宣传图册。收录本书时有改动。

第六章 清河县养老服务与医疗卫生服务

本章导语

清河县位于河北省东南部，京杭大运河流经清河县东部，流经长度约 19 千米。大运河在上千年的时间里作为中国重要的南北交通线，被形容为"国之命脉"。在京津冀协同发展和大运河经济文化带发展的大背景下，调研小组通过实地走访，对清河县基本公共服务的发展状况进行了调研，针对清河县养老服务与医疗卫生服务中存在的问题提出解决建议，以期帮助当地政府为当地老百姓提供更为优质的养老服务与医疗卫生服务，实现清河县社会经济的长足发展。

本章以养老服务与医疗卫生服务为切入点，着重从这两个方面探讨大运河文化熏陶下的清河县基本公共服务情况。清河县政府通过增建养老机构、创新基本公共卫生服务项目思路、加快推进医疗机制改革，促使清河县基本公共服务质量和水平不断提高。尽管如此，清河县仍然存在基础设施不完善、护理人员专业水平不高、医养模式发展落后等问题。对此，推动基础设施建设，加大财政支持力度；定期进行人员培训，健全人才引进机制；发展医养新型模式，推进医养机构合作等举措对清河县来说刻不容缓。

一、清河县的历史回顾和基本概况

清河县地处冀南平原，历史悠久。古代属兖州之地，周初称为甘泉沛地，其后几经变更，今属河北邢台市管辖。京杭大运河穿清河而过,便利的水运不仅推动了当地贸易往来,增加了其经济收入,也为其带来了开阔的视野与先进的技术。时至今日,大运河虽已不复有当年的辉煌,但是清河县的经济水平与发展状况却未随之下降。当地四大主导产业——羊绒、汽车及零部件、稀有金属和耐火材料驰名中外,创造的经济总值逐年递增。

(一)历史回顾

1. 建制沿革

古代部族、村落的兴起多与河流相关,水运兴城,清河县亦不例外。秦统一六国,结束天下分裂局面后修建了古代"国道"——驰道。其中,一条名叫"东方道"的驰道就自西向东贯穿今清河县全境。驰道的出现极大地促进了清河的发展,运输的便利使这里的交易往来频繁,人口随之增多,很快这里就出现了区域性中心城市——清河郡治。清河县建制沿革见表6-1。

表6-1　清河县建制沿革

时期	建制沿革
秦朝	置厝县,属巨鹿郡
西汉	汉高帝四年(前203年),置清河郡
三国	魏时,甘陵县属清河国
隋朝	大业三年(607年)属清河郡
唐朝	武德四年(621年)属贝州,天宝元年(742年)属清河郡
北宋	属河北东路贝州,庆历八年(1048年)改贝州为恩州
元朝	属中书省大名路
明朝	洪武六年(1373年)属中书省广平府
清朝	属直隶省广平府
民国	民国初,属直隶省冀南道,后改为大名道
1928年	直属河北省
1949年	河北省人民政府成立,清河县划归河北省衡水专区
1952年	属邢台专区

续表

时期	建制沿革
1970 年	邢台专区改为邢台地区
1993 年	邢台地区与邢台市，改属邢台市

资料来源于河北省清河县地方志编纂委员会：《清河县志》，43～44 页，北京，中国城市出版社，1993。

该表中只选取了部分时期和对应时期的部分建制沿革，并未包含完整信息。——编辑注

2. 运河文化在清河县的体现

（1）运河文化

运河文化在某种程度上是一种商业文化，大运河曾为水上交通的南北要道，亦曾使得清河县油坊镇商业非常繁荣。

明朝漕运兴盛，油坊村是有名的大码头，舟来船往，商贸云集，白天桅帆不绝，夜间渔火闪烁，运输十分繁忙。在明朝至民国初年，油坊码头是大运河上较有名气的水陆码头和物资集散交流中心。交通与贸易的发达，吸引了很多人到此经商，油坊也由一个小村落发展成大集镇，南北风俗交融，异地文化碰撞，人们安居乐业，生活和谐。如今，图 6-1 所示的油坊码头已成为国家重点文物保护单位，对于油坊码头来说，这无疑是对其过去发挥重大作用的肯定。

图 6-1 清河油坊码头地标

图片来源：2017 年 7 月 14 日调研小组摄于清河县油坊码头。

◆ 124 ◆

大运河的开通，除发展了地方经济，还推动了人文社会的发展。北魏时，清河出现了数学家张丘建、天文学家张子信等。从唐朝到清朝的千余年中，清河先后出了十名状元。

运河文化造就了油坊镇乃至清河县独特的生计方式，并由此形成了当地人民独特的风俗习惯。运河会衰落，但是生活方式不会随运河的断流而消逝，这便是运河文化焕发生机的原因。虽然大运河的繁盛不似从前，但是运河文化将继续浸润着沿岸人民。图 6-2 为清河县大运河现貌。

图 6-2　清河县大运河现貌

图片来源：2017 年 7 月 14 日调研小组摄于清河县油坊码头。

（2）武松文化

在清河县内，武松打虎的故事广为流传，尤以黄金庄、武家庄等村传播的故事内容更为丰富，基本涵盖武松生平。很多有关武松的故事被改编为山东快书、木板书等曲艺形式在清河县一带广为传唱。

武松是清河县的一张文化名牌，是清河县的城市名片。武松"路见不平，拔刀相助""不畏强暴，迎难而上""明知山有虎，偏向虎山行"的精神，给予清河人特有的文化滋养，激励着一代又一代清河人刚直勇敢、拼搏进取、迎难而上，创造更加美好的生活。

（二）基本概况

1. 地理位置

清河县位于河北省东南部、邢台市东部，东北与衡水市故城县接壤，东隔大运河与山东省夏津县相望，自南向西分别与临西县、威县为邻，北与南宫市毗连。县境东西最大横距约 27 千米，南北最大纵距约 28 千米，全县土地总面积约 502 平方千米。

京杭大运河流经清河县东部县界，自南向北经过二哥营、邵庄、南焦庄、前孙庄、后孙庄、南李庄、油坊、劝礼、朱唐口、前郭屯、后郭屯，至渡口驿村东出境，流经长度约 19 千米，河宽约 1 千米，河堤长约 19 千米。

2. 行政区划

截至 2016 年年底，清河县共辖葛仙庄镇、谢炉镇、连庄镇、油坊镇、王官庄镇、坝营镇 6 个镇，桥东办事处 1 个办事处，县政府驻地葛仙庄镇。

3. 经济发展

大运河作为国家基础设施，给中国古代带来的巨大效益不仅仅体现在漕粮运输上，而且体现在促进商品流通和经济发展上。无疑，大运河对古时清河县的经济和社会发展产生了重大影响。直至今天，大运河带给清河县人民的生产技术和开阔的思维仍使其终身受益，清河县经济水平稳步增长，人民生活幸福。

2017 年清河县人民政府工作报告显示，清河全县完成地区生产总值 168.6 亿元，固定资产投资 167.7 亿元，规模以上工业增加值 44.9 亿元，社会消费品零售总额 90.3 亿元，公共财政预算收入 7.1 亿元。如图 6-3 所示，清河县财政收入逐年递增，经济总体运行良好，呈持续稳定增长，县域经济综合实力不断发展壮大。

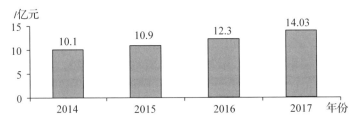

图 6-3　2014—2017 年清河县财政收入

资料来源：清河县人民政府工作报告。

由图 6-4 可知，城乡居民人均可支配收入呈逐年增长趋势，但是城镇居民与农村居民的人均可支配收入仍有明显差距，并且城镇居民人均可支配收入的增长速度要远高于农村居民人均可支配收入的增长速度，缩小城乡居民人均可支配收入差距任重而道远。

图 6-4　2014—2016 年清河县城乡居民人均可支配收入

资料来源：清河县人民政府工作报告。

二、清河县的养老服务

随着医疗水平和生活质量的提高，人们的预期寿命不断延长，我国人口老龄化形势日益严重。清河县在党的十九大报告的指导下，积极探索适合当地的养老服务发展方式，但是目前仍然存在养老服务行业发展缓慢、对老年人精神层次的服务水平低下等方面的问题。

（一）公办养老机构

大运河的开通促进了清河县的经济繁荣，带动了人口增长，也为清河县的养老服务打下了基础。目前清河县的公办养老机构稳步发展，但依然面临着服务单一、人才短缺等问题。

1. 基本情况

经过近几年的紧张建设，清河县养老机构的发展已取得初步成效。截至2017 年，已建成的敬老院有坝营镇中心敬老院、连庄镇中心敬老院、油坊镇渡口驿中心敬老院、谢炉镇陈庄中心敬老院和王官庄镇中心敬老院 5 个敬老院。

表 6-2　清河县敬老院现状一览表

敬老院名称	建成时间	建筑面积/平方米	床位/张
坝营镇中心敬老院	2009 年	4500	150
连庄镇中心敬老院	2016 年	2400	100
油坊镇渡口驿中心敬老院	2016 年	1700	100
谢炉镇陈庄中心敬老院	2016 年	1500	100
王官庄镇中心敬老院	2017 年	2700	100

资料来源：清河县民政局各项数据说明（2017 年）。

坝营镇中心敬老院建成得最早。连庄镇中心敬老院采用医养结合模式由连庄中心卫生院负责运营。油坊镇渡口驿中心敬老院、谢炉镇陈庄中心敬老院和王官庄镇中心敬老院都已开业运营。

调研小组从清河县民政局获得的资料中得知，截至 2016 年年底，清河县 60 周岁及以上老年人口约 75500 人，约占全县总人口的 17％。这标志着清河县进入了老龄化社会，因此要加快养老服务业的发展进程，推动当地经济社会协调发展。

2. 发展状况

（1）政府加大财政支持力度

县财政每年为公办养老机构拨付运转经费，经费主要用于正常办公、水电、人员工资等。目前敬老院大都只接收清河县五保对象并为其提供养老服务以及医疗卫生服务。

落实高龄老人补贴。调研小组从清河县民政局获得的资料中得知，清河县在全县范围内制定并实施了 80 周岁及以上高龄老年人生活补贴制度：80～89 周岁的城乡老年人，每人每月发放 30 元的生活补贴；90～99 周岁的城乡老年人，每人每月发放 50 元的生活补贴；100 周岁及以上的老年人，每人每月发放 300 元的生活补贴。

128

（2）养老机构设施不断完善

各养老机构不断完善各项基础设施，改善居住环境，为老年人提供舒适温馨的环境，让他们感受到如家里一般的温暖。此外，还增添了娱乐设施，丰富老年人的文化生活，使他们得到精神上的愉悦。

（3）护理人员接受定期专业培训

之前，护理人员只需掌握体温、血压、脉搏等的测量；现在，随着老年人年龄的不断增加，一些常见病慢慢显现，这对护理人员提出了更高的要求。因此，敬老院定期对护工进行培训，巩固和强化他们的专业知识，使他们为老年人提供更加及时和专业的服务。敬老院的护理人员在入职前接受过专业的培训和考核。但随着时间的推移，他们的护理方式以及学习的专业知识可能无法满足现实工作需求。针对这一情况，敬老院会定期对护理人员进行培训，以通过提高其职业素养，为老年人提供更高水平的服务。

3. 存在的问题

（1）养老机构数量较少，发展缓慢

清河县养老机构发展缓慢，既包括质量上的发展，也包括数量上的发展。一方面，由于受传统养老意识和一些风俗习惯的影响，老人们跨不出养儿防老的传统思维，或者有的人认为去养老院是因为子女不孝，不赡养父母，老人和子女会碍于面子，选择居家养老，去养老院的老人比较少。这种情况对养老机构的发展是无形的障碍，对养老机构的发展速度造成影响。另一方面，受土地批改等政策因素的影响。清河县民政局办公室主任表示，由于政策因素，现在有很多土地批改不下来，这会妨碍养老机构的修建，导致现在清河县的养老机构寥寥可数。

（2）医养分离，服务单一

清河县公办养老机构目前还处在初步发展阶段，虽然已经形成医养结合意识，但发展医养结合模式仍需要一段时间，其主要功能是负责养，因此普遍存在有养无医、医养分离等方面的问题，不能适应老年人不断增长的健康养老需求，只停留在基本的生活照料方面，服务方式单一，工作人员也缺乏专业知识和技能，只能满足部分老年人的养老护理服务需求。

（3）护理人员人才短缺，能力偏低

护理人员工资低，工作辛苦，市场上缺乏熟练的专业护理人员。随着老年人年龄的不断增长，他们的身体机能和生活能力不断退化，各种常见病、多发病及老年病越来越多发，老年人生活自理能力越来越低，他们对长期照料和康复护理等方面服务的依赖性需求越来越多，因此专业化的机构住养服务是非常必要的。但是，清河县养老机构的护理人员平均年龄都比较大，且文化程度低，服务的自主意识不强，实际沟通能力相对较差，这些问题的存在导致对老年人的护理工作不到位。这些护理人员除了提供基本的生活照料之外，很难充分满足老年人的全方位服务需求。

（二）养老服务中心

清河县民政局会同相关部门建立了几个养老服务中心，为本县有需要的老人提供养老服务。通过实地走访，调研小组发现养老服务中心仍存在着娱乐设施不足、饮食单一等不利于老人多样化需求的问题。

1. 基本概况

清河县的养老服务还处在发展阶段，没有形成完善的体系。清河县政府根据国家大政方针，兴建和发展养老服务中心，通过给予一定的运营补贴来促进养老服务的发展。

清河县德孝园老年养护中心是医院化管理的医养结合性老年养护中心，隶属清河县老干部医院，是一家非营利性事业单位，位于武松西街清河县老干部医院门诊部二楼，建筑面积 298 平方米，设有床位 36 张，以 2 张床位的标准房间为主，屋内配备有常用药品和基本的诊疗设备，还有空调、暖气、淋浴等一般的设备。养护中心根据工作需要，设有护理服务、膳食管理、环境卫生、安全保卫、文化娱乐等方面的服务人员，人员由院长统一调配，设有管理人员 1 名，护理人员 12 名，并配备专职的医护人员。养护中心入住老人 40 余人。①

针对人口老龄化的加速，特别是一些失能半失能老人及空巢老人、留守老人的医疗、护理、康复、养老问题，清河县中医院发挥中医药优势，主动承担社会责任，开展中医医养结合医疗工作，被确定为邢台市首批"中医医养结合试点医院"，并成立了清河县中医医养结合康复中心。该中心开设老年病

---

① 资料来源于清河县民政局各项数据说明（2017 年）。

区 3 个，单间病房 10 个，拥有 56 张为老年病患者治疗的多功能病床，配备中医临床医护人员和护工共 26 人。①

清河县风连养老院位于清河县长城街北侧、太行路西侧。该养老院设有床位 50 张，职工 8 人，主要为自理、半自理、不能自理的老年人开展养老服务。②

2. 发展状况

(1)政府出台相关政策，促进养老事业发展

面对日益严峻的人口老龄化形势，清河县政府高度重视养老问题。当地政府利用上级专款发展养老事业。为了促进养老服务的发展，清河县根据床位数给予养老机构一定的运营补贴，出台了《清河县加快推进养老服务体系建设实施意见》，明确政府及民办养老服务机构的优惠政策，建立资金奖补机制，鼓励先进，鞭策落后，将工作任务分解细化，明确责任。

(2)养老机构定期培训，提高护理人员服务能力

由于养老机构护理人员年龄较大，缺乏专业知识，因此每月会有专业老师对护理人员进行有针对性的培训，培养他们的社会责任心、爱心，使他们尊老敬老，不断规范自己的行为，做到爱岗敬业；帮助护理人员了解老年人的生理和心理特点，针对一些常见疾病的预防与保健以及老年人的营养需求，提高护理人员的专业知识和能力；指导护理人员进行实际操作演练，提升护理人员的实际操作能力及服务意识，使他们能给老人提供及时、准确、专业的护理服务。

(3)护理人员提供多元服务，丰富老年人生活方式

各养老服务中心以前只提供最基本的生活照料，并且缺乏基础设施，经过发展，现在在服务护理、膳食管理、环境卫生、文化娱乐等方面取得了一定成果。虽然护理人员缺乏专业护理技能，但各养老服务中心会通过定期培训不断提高他们的护理能力，以便让他们给老年人提供更加专业、多元的服务。各养老服务中心也会定期给老年人提供免费体检服务，以便随时掌握他们的身体状况，提供及时的服务。在娱乐设施缺乏的条件下，护理人员尽可能地为老年人塑造健康的生活方式，如他们会在早晚带老年人做保健操、进行身体锻炼，让老年人保持良好的状态。

---

① 资料来源于清河县民政局各项数据说明(2017 年)。
② 资料来源于清河县民政局各项数据说明(2017 年)。

3. 存在的问题

（1）饮食服务单一

清河县养老机构的饭菜大多是按照菜谱安排的，比较固定。受牙齿、肠胃等生理方面的影响，有些老人感到食物不合胃口，不满常有发生。相关负责人表示，希望随着养老院各项设施的逐步完善，可以通过自助餐的形式来满足不同老人的饮食需求。

（2）娱乐设施缺乏

2017 年 7 月，调研小组参观了清河县计生养老服务中心，该养老服务中心位于独栋单元楼里。小组成员在和管理人员的交谈中了解到，该养老服务中心有单人间和双人间可供选择，且两种房间收费相同，单人间在阴面，双人间在阳面，老人们以公寓居住的形式在这里生活。此外，该养老服务中心配有电视、空调、暖气、洗衣机、淋浴以及厨房用具等基本设备，但休闲娱乐设施和场所极度缺乏。老人们的娱乐活动方式主要是在屋子里看电视、聊天，兴趣相投的老人有时会凑在一起打麻将、玩扑克。由于室内活动厅不足，大部分老人都在楼下平地活动，然而楼下没有基础健身娱乐设施，老人们只能在院子里散步打发时间。相关负责人表示，希望可以建一个大的娱乐场所来丰富老人的生活。

（3）财政投入不足

从表 6-3 可以看出，县政府对于养老服务财政投入仍显不足，基本依靠上级专款。而上级专款数无明显逐年递增趋势，这是阻碍当地养老事业发展的问题之一。调研小组在与养老服务中心管理人员的交谈中发现，财政支持不足直接导致养护中心日常开销难以为继，打击了其运营积极性。调研小组认为财政支持不足是清河县养老服务中心发展缓慢的主要因素，养老服务发展缓慢对于当地应对老龄化具有不利影响。

表 6-3　2012—2016 年清河县养老服务财政投入统计表

单位：万元

年份	上级专款	县级
2012	150.0	0.0
2013	500.0	100.0

年份	上级专款	县级
2014	125.0	0.0
2015	69.5	69.5
2016	190.0	190.0

资料来源：清河县财政局统计资料。

三、清河县的医疗卫生服务

历史上，清河县既因紧靠运河而商贸繁荣，亦为河堤决口的水患所苦。天花、疟疾等传染病随河水的肆虐也使清河县人民苦不堪言。在天灾人祸面前，为减轻水患、疾病带来的痛苦，清河县对于水患、疾病的防范意识不断加强，医疗水平也不断提高。时至今日，这种防范意识和医疗水平在清河县医疗卫生机构的治疗理念和配备设施中仍有所体现。

(一)医疗服务

早在 2009 年，清河县便从规范和强化国有资产监管入手，对公立医院进行了大胆改革，探索形成了清河县监督机构、经营管理机构互相制约平衡的现代管理机制。然而在调研中，小组成员发现当地医疗服务仍存在一些问题，如医疗资源总量仍显不足、医疗资源配置不够合理等。

1. 基本情况

2017 年 7 月 12 日，调研小组从清河县人民医院王书记处了解到，清河县人民医院总占地面积约 6.7 万平方米；拥有床位 400 张，职工 679 人，其中主任医师 5 人，副主任医师 65 人，中级专业技术人员 159 人；设有 15 个临床科室，19 个医技科室及重症监护病房。清河县人民医院配有中央空调、中心监控、中央消防、层流净化手术室、中心供氧、中心吸引等现代化设施，并设置肿瘤治疗、微创、影像、体检和急救五大中心。县人民医院还更新了医院管理信息系统，实现了信息、资源共享，大大提高了管理水平和工作效率。居民只要来医院就医就可在医院建立健康档案。电子档案方便管理操作，给医院管理查阅和居民看病都带来了极大的便利。此外，调研小组还了解到，各个县级医院分区负责自己范围内的乡镇卫生院，这一举措化大为小，使各个医院责任细化，重点明确。随后，调研小组在政府办了解到，清河县完成了县中医院迁建，县中心医院及6所乡镇卫生院改建、扩建工作，标准化卫生室实现了村村全覆盖。

2. 发展状况

(1)加快推进公立医院改革

探索建立现代医院管理制度。学习借鉴先进经验，探索政事分开、管办分开的医院法人治理结构，不断强化卫生行政部门的监管职责。完善县级公立医院内部绩效考核制度，加强绩效考核管理，提高绩效考核质量。推进县域医疗联合试点和分级诊疗工作。建立与基层医疗卫生机构之间的便捷转诊通道，保障急诊、急救绿色通道畅通。

(2)建立健全乡村医生准入退出机制

为确保农村医疗卫生服务"网底"不破，保障广大农村居民基本医疗和公共卫生服务的公平性、可及性，清河县明确了村卫生室标准、准入机制、乡村医生职责，合理配置了乡村医生。为了提高农村医疗卫生水平和完善基础设施，清河县建设和改造标准化卫生室257个，培训乡村医生574名。

(3)完善中医药事业政策和发展机制

为提升基层中医药服务能力，满足城乡居民中医药健康服务需求，发挥"简便验廉"的中医药特色优势，清河县卫计局在连庄中心卫生院、王官庄中心卫生院、油坊镇卫生院建立了中医药综合服务区，并为80个村卫生室配备了中医设备，为村民提供针灸、推拿、拔罐、中医康复等中医适宜技术服务，形成了集中医治疗、预防、保健于一体的中医诊疗模式。

(4)逐步建立分级诊疗、双向转诊制度

为带动基层卫生院发展，清河县建立了县、镇对口帮扶机制，制定下发了《清河县县级公立医院上下级协作实施方案》，推进县镇卫生管理一体化。县人民医院与葛仙庄镇卫生院进行业务合作，县中心医院与油坊镇卫生院建立了整体托管关系，选派主治医师、业务骨干到乡镇卫生院轮流坐诊，同时赠送全自动生化仪、彩超、全自动血球计数仪、血流变分析仪、微波治疗仪等设备，提升了乡镇卫生院的综合服务能力。

3. 存在的问题

(1)医疗资源总量仍显不足

医疗服务整体水平有待提高，卫生资源的配置与卫生服务需求不一致，医疗保健服务在总体上还不能完全适应社会经济发展和人民群众日益增长的多层次、多样化的医疗卫生需求。特别是农村基层医疗机构基础设施落后，技术力量薄弱。卫生投入的水平与卫生发展的客观需要不相适应，应对突发公共卫生事件的体系和机制尚不完善，应急处置能力有待提高。

(2)医疗资源配置不够合理

医疗资源布局与结构不合理，医疗卫生资源主要集中在中心城区。综合医院过多，专科医院相对不足；城乡之间配置不合理，农村医疗卫生资源相对短缺。县城公立医院仍占主导地位，民营医疗机构存在数量少、规模小、水平低、人员不稳定、病床使用率低的问题。

(3)医疗服务水平尚未达到人民期待

随着医疗改革的逐步深化，医疗保障制度将逐步完善，保障水平将不断提高，人民群众的健康需求将得到进一步满足。近年来，清河县经济发展较快，人民群众卫生保健意识逐步增强，对就医条件、环境和就医多元化要求越来越高，要求卫生工作不仅能着眼于满足人民群众的基本健康需求，而且要满足群众高水平的医疗卫生服务需求。

(二)卫生服务

清河县计生服务站建立起的"新婚指导、优生优育、早期教育、避孕节育、家庭保健、老年服务"等完善的服务体系，于2009年被国家誉为"河北清河模式"，成为全国20多个省区市考察学习的范本。在调研期间，小组成员既发现了当地医疗卫生服务工作的许多亮点做法，也发现了医疗卫生人才短缺、基层卫生服务能力差等方面的问题。

1. 基本情况

(1)健康状况

清河县居民死因前10位依次是心脑血管疾病、恶性肿瘤、损伤及中毒、呼吸系统疾病、内分泌营养代谢疾病、消化系统疾病、神经系统疾病、精神障碍、泌尿生殖系统疾病、传染病，死因前10位死亡人数合计占死亡总人数的 94.1%。①

（2）卫生资源状况

全县共有医疗卫生服务机构 586 个。全县医疗卫生机构共有床位 1299 张，每 1000 常住人口拥有医疗卫生机构床位数 3.91 张。全县共有医疗卫生技术人员 1843 人，其中执业（助理）医师 1140 人，注册护士 785 人，每 1000 常住人口拥有医疗卫生技术人员 4.05 人，每千人口执业（助理）医师和注册护士数分别为 2.1 人和 1.24 人。全县二级及以上医院共有乙类大型医疗设备 11 台。②

（3）卫生服务状况

2015 年，全县医疗机构共提供门（急）诊服务约 33.92 万人次，出院人数约 5.92 万人次，全县医疗机构病床使用率为 87.62%。全县网络直报法定传染病共 11 种（无甲类传染病发生），发病数 1230 例。2015 年，全县参合人数达 36.11 万人，直接减轻群众医药负担 1.55 亿元。③

2. 发展状况

（1）重视医疗卫生事业发展，加大财政支持力度

政府高度重视医疗卫生事业的发展，加大财政支持力度。清河县计划建立一套适应清河县经济社会发展和人民健康需求的基本医疗卫生体系，使人人享有基本医疗服务，基本公共卫生服务均等化水平进一步提高，医疗卫生服务可及性明显增强，实现资源配置明显优化、功能体系明显健全、服务能力明显提升、体制机制明显完善、信息化水平明显提高，基本满足本县群众多元化、多层次的医疗卫生需求。

加大城乡居民医疗保险投入力度，减轻群众就医负担，使其有病敢看、有病敢医，上级专项拨款由 2012 年的 6974 万元增加到 2016 年的 12422.99 万元，县级居民医疗保险财政投入从 2012 年的 1271.5 万元上升到 2016 年的 2302.71 万元，且 5 年之内呈现了稳定上升的趋势，体现出县政府对医疗卫生事业发展的重视。

---

① 资料来源于清河县卫计局提供的《清河县医疗卫生服务体系规划(2016—2020 年)》。

② 资料来源于清河县卫计局提供的《清河县医疗卫生服务体系规划(2016—2020 年)》。

③ 资料来源于清河县卫计局提供的《清河县医疗卫生服务体系规划(2016—2020 年)》。

（2）建立居民健康档案，加强居民健康教育

调研小组在清河县卫计局了解到，截至 2017 年 7 月，全县累计建立农村居民健康档案 378650 份，电子档案 368650 份，全县规范化电子建档率达到 91.8%。2015—2017 年的居民健康档案建档份数逐年递增，电子档案份数也明显增长，建档率和电子建档率于 2017 年上半年均超过 90%。[①] 可见，清河县卫计局对于居民健康档案建立工作十分重视，并取得了不错的成绩。

居民健康教育力度逐年加大，居民健康教育意识得到很大提高。小组成员从清河县卫计局了解到，截至 2017 年 7 月，全县开展健康教育讲座宣传 26 次，设置健康教育宣传栏 385 个，发放健康教育材料 7 万余份。清河县十分重视居民健康教育的宣传工作，采取了强有力的宣传措施。

（3）加强疾病预防宣传，提高居民保健意识

2017 年 7 月 12 日，调研小组从清河县人民医院王副书记处了解到，对于传染病的防治工作，清河县人民医院主要负责治疗，也会不定期进行防疫宣讲，清河县防疫站则负责传染病预防宣传和领药、发药工作，即防治分开。随后，调研小组来到清河县防疫站，防疫站武站长介绍了防疫站健康教育宣传栏，讲解了预防接种、传染病预防的相关内容，还提到了 2016 年邢台发生洪涝灾害时防疫站工作人员带着先进检测设备对居民饮用水进行检测排查，避免居民喝脏水的事例。

2017 年 7 月 13 日，调研小组在县卫计局了解到清河县的每个乡镇卫生院配备了 1～2 名防保人员，每个村有 1 名承担公共卫生工作的人员。各乡镇卫生院能按规定及时对适龄儿童进行疫苗接种。此外，各乡镇卫生院均设立了预防接种门诊，实现了预防接种信息化管理，建证率、疫苗接种率等各项考核指标也达到了目标要求。

（4）致力孕产全程服务，助力儿童健康管理

清河县重视孕产妇健康管理，提出了孕产妇全程服务新思路。清河县妇幼保健站通过孕妇学校、孕产期保健、分娩关爱、科学育儿等孕产一条龙服务，提高妇幼保健服务水平和出生人口素质。2017 年上半年，全县活产数 2730 人；孕产妇早孕建册 1513 人，早孕建册率约 55%；产后访视 2531 人，

---

① 资料来源于清河县卫计局工作总结。

产后访视率约 93%。截至 2017 年 6 月底，全县有 0～6 岁儿童 43724 人，健康管理 40830 人，管理率约 93%。清河县妇幼保健站发放叶酸 16686 瓶，清河县财政局发放住院分娩补助 68.1 万元。①

调研小组寻访了县妇幼保健站，办公室刘女士解答了相关疑问。小组成员从县妇幼保健站和县卫计局获得 2012—2016 年清河县婴儿、孕产妇、5 岁以下儿童死亡率相关数据。由数据可知，2012—2016 年清河县婴儿死亡率逐年递减，5 岁以下儿童死亡率也明显下降，孕产妇死亡率基本稳定。可见，清河县对于孕产妇以及婴幼儿的健康管理起到了很大作用，孕产妇安全和儿童健康得到了极大保障。

3. 卫生服务亮点

（1）制定月督导制度

清河县实行基本公共卫生服务工作月督导制度，即将每个项目按照执行单位应完成的工作目标任务数，量化分解到每个月，制订详细的项目单位基本公共卫生服务月进度计划表。县卫计局组织成立专门督导指导小组，每个月下乡对各单位该月应完成的目标任务进行核实、督查，发现问题及时指导。此做法有效减少了卫生院工作无目标、无计划，工作人员懒散、无头绪、计划执行不到位等情况，提高了为居民提供服务的时效性，确保了各项服务工作的按时完成。

（2）运用媒体技术

为更好地推进基本公共卫生服务项目，提高项目知晓率，清河县发挥网络新媒体优势，所有基层医疗卫生机构均开通了微信公众号，每周定期推送公共卫生项目政策、健康知识等内容。利用清河县广播电台，全年播放基本公共卫生服务项目政策、普及健康知识，提高了基本公共卫生服务项目的知晓率。

（3）创新妇幼工作思路

一是组成女乡村医生妇幼访视服务队，开展妇幼访视工作。由妇幼知识基础扎实、吃苦耐劳、善于与孕产妇沟通的女乡村医生组成服务队伍，经培训、考核后开展妇幼访视工作，实行包村落实孕产妇、新生儿访视的模式。

---

① 资料来源于清河县卫计局 2017 年度上半年基本公共卫生服务项目的工作总结。

二是摸清孕妇底数。第一，县妇幼保健站每周联合县级医院获取新生儿信息，并通过电子邮件、微信等方式发送到乡镇卫生院妇幼医生手中；第二，乡村医生主动从村民及村计生主任处获取信息；第三，从事妇幼医疗保健工作的相关单位安装使用"妇幼保健计划生育服务卡"，可有效解决孕妇建档难、管理难问题。

三是提高妇幼工作人员业务水平。乡镇卫生院与清河县中心医院联合成立孕产妇课堂，每月定期邀请清河县中心医院妇产科主任医师到乡镇卫生院为辖区内妇幼医生进行培训，向辖区内孕产妇讲解孕期知识及婴幼儿健康管理知识。

四是解决进门难问题。清河县卫计局专门组织成立的督导指导小组为包村妇幼医生制作了工作证、工作服，注明妇幼医生的职责和服务范围。并对乡村医生的语言表述能力及技巧和国家政策及服务项目进行培训，消除孕产妇顾虑，还配备了专业母婴体重秤、电子血压表、皮尺、胎心仪等必备用品，保证服务的专业性。

五是及时发放补助。根据工作完成情况每月与乡村医生兑现公共卫生服务补助。乡村医生每访视一人都用手机拍下照片通过微信发送到卫生院专用群，由专人进行核实后，卫生院及时发放补助，此举大大提高了乡村医生的工作积极性。

（4）老年体检与临床结合

将老年人体检与临床工作密切相结合，乡镇卫生院的医护人员免费接送老年人到乡镇卫生院进行体检，并为行动不便的老人提供上门服务，及时将检查结果告知本人及家属，由临床医生告知异常项目及需注意事项，督促其到医院进行复查。乡镇卫生院的医护人员对体检的老年人进行有针对性的健康教育指导，并书写体检反馈单，发给老年人。通过享受便捷、优质的医疗卫生服务，广大群众的满意度大大提高。

4. 存在的问题

（1）卫生人才缺少培训

目前，清河县医疗卫生机构的卫生人员缺乏培训，专业素质参差不齐。一些护理人员专业素质较低，且由于缺乏定期培训，服务水平得不到提升。较为优秀的护理人员也缺少外出接受高级培训的机会，难以进一步提高专业技能。护理人员缺少培训机会，自身能力得不到有效提高，在工作过程中与服务对象难免发生冲突，不利于卫生服务工作的有效进展。

（2）公共卫生投入相对不足

目前，清河县卫生筹资机制不够健全，政府对卫生事业的投入虽然有所增加，但是仍难以满足发展需求，经常性卫生投入保障机制有待完善。资金问题难以解决，由此衍生出的设备老化陈旧、卫生服务人员缺乏培训等问题，不利于当地公共卫生事业的发展。

（3）基层卫生服务能力较低

各级医疗卫生机构的服务水平参差不齐，未能进行有效的分工协作，竞争秩序有待规范。医疗卫生保健体系尚需完善，社区首诊和双向转诊制度尚未有效实施，社区卫生服务机构服务能力有待提高。

四、发展清河县养老服务与医疗卫生服务的建议

大运河在经济、政治、文化、军事等方面发挥了重要的历史作用。依托运河，古代劳动人民创造了巨大的物质财富和永恒的精神财富。在新的时代，运河文化对于养老服务与医疗卫生服务水平的提高仍具有重要意义。

（一）推动基础设施建设，加大财政支持力度

运河繁盛时期，经济发达，各项设施完备。在国家大力倡导大运河经济文化带的契机下，清河县应完善各项基础设施建设，根据老年人的需求，树立以生活照料为主、医疗康复为辅，心理咨询、法律援助、文化娱乐等服务项目为补充的配套服务体系。最基本的如居住环境的改善、娱乐设施的修建等。此外，还要重视培养老年人生活质量和生活品质并重的机构养老观。修建休闲娱乐设施，如健身房、棋牌室、书画室等，丰富老年人的文化生活，提高老年人的生活质量，让老年人保持心情愉悦。另外，养老机构要秉持"四化"：居家化、宜老化、品质化、人文化，给老年人提供能够安度晚年的舒适的生活场所。最后，经济繁荣发展推动基础设施建设，财政支持必不可少。在养老机构发展过程中，要确保养老机构的社会福利和公益性质，确保政府的资助扶持，而不能完全靠市场定位，把经济效益摆到首要位置，忽视了社会效益。

(二)定期进行人员培训，健全人才引进机制

面对护理人员素质普遍较低的问题，运河文化给了我们很好的启发——提高护理人员的进入门槛。首先，护理人员必须有相应的资格与技能，注重接受岗前培训，合格后方能上岗，还要接受定期培训。培训内容包括食品安全、医疗、护理、心理、临终关怀等多个方面。民政部门逐步推行持证上岗制度，建立专业服务人员职业技能等级证书，把养老服务教育培训融入社会大教育中。其次，要定期进行考核，考核内容包括理论和操作。建立考核考评、岗位竞争、管理监督、工资福利、奖惩激励等机制，培育从业人员的职业道德意识、奉献意识，这样才能让老年人愿意住、住得安心、养得安心。最后，建立护理人员信息库，以优化护理人员的资源配置，提高护理人员的利用率，加强对护理人员的管理；养老服务机构也要提高服务质量，紧紧围绕对待老人如亲人、对待老人胜过亲人的理念，加强自身队伍的建设，提高自身服务水准，建成一支高素质的人才服务队伍。

(三)增加公共卫生投入，强化卫生服务能力

保障全民健康是国家之根本，财政部门应该加大投入力度，设立专项资金，加大财政预算投入，确保投入到位，逐步提高政府卫生投入占卫生总费用的比重。根据公共财政原则和医改政策要求，卫生事业经费按结构性质和承担任务进行合理配置，重点向医改、公共卫生、科研项目和农村倾斜。加强以全科医生为重点的基层医疗卫生队伍建设，健全在岗培训制度，鼓励乡村医生参加学历教育。财政部门增设卫生服务人员培训专项资金，卫计部门增加卫生服务人员特别是基层技术人员的外出培训机会，使其接受最新的信息及技术，加强卫生人员的服务能力，着力提高基层卫生队伍素质和服务水平，努力使群众做到小病不出社区、大病不出县，保证群众看得上病、就近看病。

(四)合理配置医疗资源，提高医疗服务水平

改善县乡两级医疗救治、疾病预防控制等工作的硬件设施和仪器设备配置，使医疗卫生资源向农村地区倾斜，重视专科医院与民营医疗机构的发展与扶持。

加强住院医师和专科医师规范化培训，培养合格临床医师；加强政府对医疗卫生人才流动的政策引导，推动卫生人才向基层流动；加强医疗卫生人才队伍建设，加强高层次医疗卫生人才引进。积极转变卫生机构服务模式，深入乡村，为群众提供连续、综合的公共卫生和基本医疗服务。同时，医疗机构要不断改善医务人员服务态度、优化服务流程、改善就医环境、落实服务规范，进一步提升医院服务水平和技术能力。服务水平提高，人民看病就医更顺心、舒心，社会才会更加和谐。

（五）发展医养结合模式，推进医养机构合作

探索建立有病治病、无病疗养、医疗和养老相结合的养老模式。依托运河文化的熏陶，清河县对于新理念明显更容易接受，调研小组在调研过程中发现，清河县医养结合的方式已经在一些养护中心中初具雏形，且清河县民政部和卫计局对医养结合模式也表示出期待并已有所行动。为完善"医养结合，两院一体"工作，养老机构可以通过服务外包、委托经营管理的方式吸收医院来运营管理，也可与附近医院协商在养老机构设立医疗联络点。发挥一级、二级医院专业技术优势，转型为康复院、护理院等医养结合型养老机构，直接提供养老照料和医疗护理服务，拓宽医养结合服务的供给渠道。

政府应在结合本地实际情况的基础上，科学地制定养老服务体系总体建设规划，进一步完善和落实各项优惠政策，建立医养结合型养老模式发展专项基金，对新建的医养结合型养老机构建设用地采用拨划方式或明确土地出让金的优惠标准，鼓励和引导银行增加对医养结合型养老机构建设项目的信贷支持，推动税收优惠政策进一步细化，从而吸引更多的社会力量参与医养结合型养老模式的建构与拓展。

第七章 大名县养老服务与医疗卫生服务

本章导语

2017 年 7 月 18 日，河北省召开省政府常务会议，研究河北省大运河文化带建设的方向和具体内容。2017 年 7 月 21 日，邯郸市召开政府办公会议，听取相关部门对于邯郸市大运河建设的构想汇报，并听取了相关专家学者的意见。调研小组深入邯郸市大名县调研，了解当地养老服务与医疗卫生服务的现实发展情况，力图挖掘运河文化的潜在价值，推动大名县基本公共服务水平的提高。

大名县地处冀、鲁、豫 3 省交界处，地理位置优越；历史悠久，曾是大宋陪都。在大名县委、县政府的领导下，大名县的养老机构建设在重视老年人精神需求和身体健康、提高服务水平方面都有明显的改善与提高；在妇幼保健、疾病预防接种及医疗设施建设方面取得明显进步。但大名县养老机构的建设存在城乡入住率差距大、专业服务人员缺乏、财政资金补贴不足、家庭养老责任弱化、土地保障缺乏等问题，医疗卫生方面面临缺乏专业人才、编制不足、健康宣传不足等问题。大名县应充分利用"京津冀协同发展""中原经济区""大运河文化带建设"等带来的机遇，推进养老机构"去行政化"改革，吸引社会力量积极参与，完善土地划拨制度，大力引进专业人才，推动医养协同发展，同时挖掘运河文化潜在价值，构建和谐养老文化，提升大名县基本公共服务水平。

一、大名县的历史回顾和基本概况

（一）历史回顾

表 7-1　大名县建制沿革

时　期	建制沿革
春秋	初属卫，后属晋
战国	属魏
秦朝	属东郡
汉朝	属冀州魏郡
三国	划魏郡东部为阳平郡，辖元城县
隋朝	属魏州
唐朝	建中三年（782 年），改称大名府
宋朝	属河北东路大名府
元朝	属中书省大名路
明朝	属中书省大名府
清朝	顺治十六年（1659 年），改属直隶行省大名府
1949 年	改为城关区，属河北省邯郸专区
1993 年	邯郸地区和市合并，改称市，辖大名县至今

资料来源于大名县县志编纂委员会：《大名县志》，45～46 页，北京，新华出版社，1994。

该表中只选取了部分时期和对应时期的部分建制沿革，未包含完整信息。——编辑注

（二）基本概况

1. 地理位置

大名县位于河北省东南部，是大运河入河北省的首站，地处冀、鲁、豫 3 省交界处。东与山东省冠县、莘县毗邻，南与河南省南乐县相连，西与魏县交界，西北与广平县为邻，北与馆陶县接壤，东西长约 45 千米，南北宽约 38 千米，总面积约为 1053 平方千米。县政府驻地大名镇，北距省会石家庄约 247 千米。

2. 行政区划

截至 2016 年年底，大名县辖 20 个乡镇，其中 8 个镇、12 个乡：大明镇、杨桥镇、万堤镇、龙王庙镇、束馆镇、金滩镇、沙圪塔镇、大街镇，铺上乡、孙甘店乡、王村乡、黄金堤乡、旧治乡、西未庄乡、西付集乡、埝头乡、北峰乡、张铁集乡、红庙乡、营镇回族乡。

3. 经济发展

2017 年大名县致力于稳增长、扩总量，县域综合实力跃上新台阶。全县生产总值增长 8.3％；全部财政收入完成 8.01 亿元，首次突破 8 亿元大关，增长 29.06％，税收占比 85.95％；一般公共预算收入完成 4.39 亿元，增长 16.9％，税收占比 74.4％；固定资产投资增长 5.1％；实际利用外资增长 135％；社会消费品零售总额增长 11.2％；城镇、农村居民人均可支配收入达到 26449 元、11935 元，分别增长 9.5％、10.3％；全县金融机构各项存、贷款余额分别为 201.56 亿元、111.58 亿元，较年初分别增加 24.13 亿元、14.79 亿元，存贷比 55.36％，较年初提高 0.81 个百分点；中长期贷款余额达到 66.98 亿元，较年初增加 11.86 亿元；全社会用电量达到 8.34 亿千瓦时，增长 6.42％。[①]

4. 运河文化

京杭大运河孕育了一座座名城古镇，邯郸市大名县就是其中之一。流经大名县的运河长度约 38 千米。调研小组了解到，大名县文化遗存比较丰富，截至 2017 年，全县有 120 余项非物质文化遗产和众多物质文化遗产。其中有 1 项国家级非物质文化遗产、13 项省级非物质文化遗产、38 项市级文化遗产和 39 项涉及运河文化的文化遗产，其他的物质文化遗产主要是一些物质遗存点。大名县的运河文化遗存主要有龙王庙、大名府故城、窑厂村窑址、大名府古城墙、天主教堂、南关清真寺、龙王庙石灰窑、漳卫河汇流处等。

2017 年 9 月，北京、天津、河北地方志办公室联合组织的"京津冀运河文化展"在第十二届中国北京国际文化创意产业博览会上正式开展。一部运河史，即半部中华文明史。大运河公共服务建设水平在一定程度上也是运河区域民众创造的文化本身与文化形成过程相结合的体现。

---

① 数据来源：《大名县 2017 年政府工作报告》。

运河文化在大名县主要体现为独特的七大文化脉系，分别是衙署文化、名人文化、石刻文化、饮食文化、民俗文化、水浒文化、红色文化。这七大文化脉系集中表现在"一河两城四镇"，即大运河和唐宋魏州大名府故城、明清大名府古城及艾家口古镇、龙王庙古镇、金滩古镇、营镇古镇，为大名县历史文化添上了浓墨重彩的一笔。

衙署文化。受大运河影响，到盛唐时期，大名县已发展成一个大都会。自唐朝至 20 世纪 20 年代，大名一直为中国北方的重镇。大名府故城曾出现了分别在河北道、魏州、元城县及贵乡县 3 级行政机关、4 个政府机构同城办公的特有现象，作为朝廷派出机构的户部分司等也曾在大名设立办事机构，大名堪称古代中国第一衙署城。

名人文化。由于大运河独特的地理位置优势，大名长期作为区域行政中心。狄仁杰、田承嗣、寇准、苏辙、黄庭坚等曾在大名府为官；李白、高适等文人墨客曾沿大运河游历大名；早期革命家郭隆真出生于大名县金滩镇，后沿河北上，在天津与周恩来、邓颖超等老一辈革命家一起寻求革命真理。

石刻文化。依托大运河便利的水上交通优势，历史上经常从太行东麓采巨石运抵大名，以供文人墨客、达官贵人挥毫刊石。唐朝魏博节度使何进滔的德政碑巍然耸立于故城皇城门外；到了宋朝，大名府尹梁子美磨去字迹，镌刻宋徽宗的《五礼新仪》，此碑至今仍为全国最大的整体石碑。狄仁杰祠堂碑、罗让碑、朱熹写经碑等一大批碑刻，被评定为文物保护单位，成为历史文化的瑰宝。

饮食文化。大运河沿岸城乡人口密集，在一定程度上也带动了饮食文化的发展。在大名有许多叫得上名字的风味美食，如二毛烧鸡、郭八烧饼、马家糕点、顺兴炒饼等。

民俗文化。大运河促进了沿岸的文化交融，南北艺人在这里谋生，舶来并传承丰富的风俗和工艺，土生土长的文化也得到长足发展。大名草编文化是国家级非物质文化遗产，草编利用当地的麦秸秆编制出草帽辫和造型奇特的工艺品。2008 年，大名草帽入选第二批国家级非物质文化遗产名录。2017年 9 月，京津冀运河文化展顺利举办，在大名县国家级非物质文化遗产大名草编展位上，草编技艺传承人王群英制作的精美草编作品和她熟练的草编制作技艺，吸引了众多观众。有的观众还在现场通过亲手学习编织来感受大名草编这一传统技艺的艺术魅力。

水浒文化。《水浒传》中大量的章节写到大名府，一个个与大名有关的故事成就了大名县的水浒文化，如时迁大闹大名府、攻打大名府、智赚卢俊义等故事广为流传。游客来大名，总要谈及《水浒传》，在玉麒麟卢俊义的家乡寻找水浒遗迹。大名县正准备和名著《水浒传》内容相联系，打造相关旅游景点，发展旅游文化产业。

红色文化。大名县直隶省立第七师范学校是直南革命策源地，在建党之初就点燃了革命之火。当时的直隶省南部，包括现在鲁西、豫北部分县市的早期共产党人，都是在这里接受革命教育，然后到各地建立党组织，在血与火的洗礼中拉起革命的红色帷幕的；大名县直隶省立第五女子师范学校培养了一批现代女性，她们打破封建枷锁，在漫漫长夜里撒播火种，迎来了新中国的黎明；卫东一带号称小太行，是红色根据地，走出了大批军政界高级将领。

二、大名县的养老服务

2017年7月20日，调研小组走访了邯郸市大名县民政局，了解到大名县养老服务发展主要是机构养老，尚未发展社区居家养老。养老机构包括公办养老机构、民办养老机构及农村互助幸福院。2016年，大名县60周岁及以上的老年人数为133212人，占全县总人口数的14.3%。截至2017年7月，登记备案的有11个养老院，共1000多张床位。

（一）公办养老机构

截至2017年，大名县已建成并投入运营的公办养老机构共5个（万堤中心敬老院、西付集中心敬老院、埝头中心敬老院、大街中心敬老院、金滩镇中心敬老院），其中有3个养老机构分布在乡镇。大名县公办养老机构共有床位500多张，入住老人300余人，基本能满足政府托底保障对象的入住需求。

1. 发展状况

（1）上级政策资金支持力度加大，整体服务水平不断提高

为深入了解大名县公办养老机构的发展情况，调研小组先后到大名县民政局和万堤中心敬老院进行了实地调研。调研小组了解到，大名县公办养老院的建设享受来自上级财政的建设补贴以及运营补贴（在运营过程中每入住1

名老人，每个月补助 100 元）。在"十二五"期间，大名县积极争取省级专项资金 50 万元对养老机构服务设施进行了改造升级，按要求配备了相关硬件设施。调研小组前往万堤中心敬老院调研了解到，县民政局提供给入住人员每人每季度 1200 元的补助，加上其他补助，总共 1600 元。财政支持不断晋档升级，提升了养老机构整体服务水平。

（2）政府重视力度加大，申报审批流程逐步完善

调研小组走访万堤中心敬老院后了解到，该敬老院的入住人员都是无儿无女且有轻微精神问题的半自理老人。生活完全不能自理的老人由各村自己管理。申报流程是首先需要 10 个群众代表签字，由各村向乡镇民政所上报，继而上报给县民政局，由县民政局审批通过后，分配到公办养老院。只要满足相关条件都能通过审批。申报审批流程不断完善，各村尚不存在有需要申请入住敬老院却被忽视的情况。将没有收入来源的老人聚集起来，由敬老院为他们提供食宿，这在一定程度上有利于社会稳定。

（3）建立长效监管机制，确保机构安全运营

调研小组了解到，大名县为确保各养老机构运营安全，结合在安全检查中发现的问题，制定了长效监管机制。主要包括 6 个方面：一是对安全问题采取"零容忍"态度，逐一整改；二是建立了以主管县长为组长，民政、公安（消防）、电力等相关部门负责人为成员的养老机构安全管理领导小组，做到领导、责任、管理到位；三是按照"谁主管、谁负责，谁在岗、谁负责，谁当班、谁负责"的原则，建立健全安全防范责任制；四是督促养老机构严格执行 24 小时值班巡查制度、请销假制度、消防安全制度、食品安全制度等，提高养老机构灾害防控及自防自救能力；五是在每次进行安全检查时，通过观看相关安全教育视频、谈心谈话等方式对各养老机构负责人进行安全知识宣传教育；六是定期对大名县养老院进行检查，使联合检查工作机制常态化。

2. 存在的问题

调研小组了解到，随着老龄人口的增多，相关政策、机构、保障设施仍处于完善阶段，大名县的养老服务从一定程度上来说仍处于盲目时期，具体体现在以下 4 个方面。

（1）主客观因素限制多，城乡入住率差距大

主观方面主要是受到农村传统养老观念的影响。一方面，老人不愿意住

在养老院，他们更想和子女生活在一起，子孙满堂，安享天伦之乐。在机构养老和家庭养老中，这部分老人更倾向于家庭养老。另一方面，很多子女认为让老人住养老院是对老人的不孝顺。这两方面原因使得农村养老机构的入住率不高。客观方面主要是经济条件限制和养老机构服务水平低。一方面，农村家庭收入水平偏低，送老人入住养老机构需要占用日常开支。另一方面，缺乏收纳特困人员的养老机构，子女担心普通养老机构由于缺乏相应的服务人员和配套设施不利于父母的安全。此外，市区养老机构生活环境好，基础设施完善，服务质量高，吸引了部分县城人口入住。

（2）管理服务人员缺乏，专业化服务水平低

其一，公办养老机构的编制不足，很多人不愿意来。其二，公办养老机构缺乏高素质专业人才。一方面，社会上关于养老服务方面的专业人才较少，养老机构聘请的护理人员多数没有护理证；另一方面，大部分高素质人才往往流向经济发展水平高的地区，追求更高的薪资待遇。其三，由于有些老人思想观念落后、个人卫生情况差等，有些农村地区存在"宁愿伺候孩子，也不愿意伺候老人"的观念，受这种观念的影响，养老机构在招收护理人员方面就有了困难。

（3）编制外人力成本高，财政资金补贴不足

一方面，调研小组在大名县万堤中心敬老院进行社会调研的过程中发现，公办养老机构的编制有限，而财政只支付编制内人员的工资，编制外护理人员的工资需要养老院自行解决。但是，财政资金补贴不足以支付人力成本，这阻碍了养老机构的发展。另一方面，调研小组了解到，大名县更倾向于建设大型的、综合性的养老院，而政府在对基层进行土地划拨方面，更考虑经济效益，而忽视社会效益。土地划拨和资金有限都在一定程度上限制了养老机构的发展。

（4）家庭养老责任弱化，养老服务供需矛盾突出

从个人层面来看，全国大部分地区的农民普遍选择最低缴费档次，这与日益增长的农村居民家庭纯收入相比，体现了农民个人养老责任的主动性不足，大名县也不例外。从家庭责任来看，随着城市化进程的推进，越来越多的农村年轻人选择去大城市打拼，家庭中提供养老支持的个体逐渐减少，且子女的养老负担沉重，从而导致家庭承担的照料服务等各项支持功能弱化，并将这些事务性工作逐渐交由社会分担。持续上升的农村养老服务需求同养

老服务供给不足的结构性矛盾逐渐凸显，大名县公办养老机构由于资金主要来源于政府，渠道单一，规模较小，服务能力有限，因而限定了接受对象主要为五保户，其他支付不起民办养老机构费用的有养老需求的农村老人几乎无缘享受这项福利。

（二）民办养老机构

截止到 2017 年 7 月调查小组调研时，登记备案的民办养老机构有 6 个。

1. 发展状况

（1）推行民办公助模式，鼓励社会资本加入

在国家大政策影响下，面对日益增加的养老服务需求，大名县推广经验做法，按照"谁投资、谁管理、谁受益"的原则，采取"税收上优惠、政策上支持、资金上扶持"等措施，积极协调落实土地供应、税费优惠、补贴支持等优惠政策，大力鼓励企事业单位、民间组织及个人等社会力量兴办养老服务机构。除去需提供养老机构设立许可证书和民办非企业证书外，有 10 张以上的床位就可以通过审批。对于民办养老机构的建设，不仅有来自上级财政的建设补贴和运营补贴，还有民办养老机构责任险（每 1 名老人享有 100 元责任险，其中 80 元由国家财政补助，20 元由养老院承担，最高赔偿金额可达到37 万元）。除此之外，大名县将五保资金打入民办养老机构，实行"民办公助"，对民办养老机构的发展提供支持。

（2）开展丰富娱乐活动，满足老年人精神需求

调研小组通过实地走访了解到，大名县民办养老机构配备了棋牌室、健身活动室、按摩室、露天小广场、器乐表演厅等，并组织老年人开展日常活动，丰富其精神生活。比如，民办养老机构会组织老年人跳健身操，定期举办戏曲晚会。调研小组通过访谈了解到，老年人在民办养老机构的生活状况和精神状况都很好。入住的老人很喜欢现在的生活环境，大名县菊香四合院老年公寓里的老人们还将养老院的服务情况总结成了"四好"：服务好、生活好、卫生好、管理好。可见，民办养老机构是比较重视服务质量和服务态度的。

（3）完善医疗卫生设施，重视老年人健康

一方面，民办养老机构为完全不能自理、需要特护的老年人聘请专业的有护理证书的人员，且配备相应的病床等，来满足这些特殊人群的需要。另

一方面，由于慢性病多发于老年人，为及时保障老年人安全，养老机构设有医疗卫生室，医疗卫生室直接负责入住老年人的健康安全，并与村里的卫生室签订协议。一旦老人生病，养老机构会直接联系家属或者直接送医院，也会有医生来进行志愿检查。在专业护理人员和医疗卫生室的双重保障下，老年人的身体情况得到了重视。

2. 存在的问题

(1)规模扩建土地难寻，项目资金杯水车薪

由于养老产业本身经济效益低，更侧重于社会效益，投资大，风险大，战线长，回报小，影响了人们建设养老院的积极性。很多人从心理上认为，养老产业是朝阳产业，考虑到它的发展前景，会产生建设养老院的念头，但又考虑到盈利较少，最后还是没有去建设养老院。大名县相关民办养老机构负责人表示，目前养老机构的规模太小，尤其是入住人员的流动性大，冬季入住人口多，想扩建但苦于没有合适的地方。此外，国家对于养老机构的奖补力度较小。

(2)专业服务人才缺乏，技能培训成本高

民办养老机构效益低，本身存在服务人员招收困难、专业服务人才匮乏的问题，加上对护理人员培训难度大，培训成本高，服务人员流动性大，存在为护理人员提供专业化培训后留不住专业服务人员的担心。这些都不利于民办养老机构的长期稳定运营。

(3)配套医疗流于形式，医养结合发展缓慢

调研小组在走访大名县民办养老机构时发现，这些养老机构关于入住老人的医疗问题主要有两个方面的准备：一方面是养老机构内部设有医疗卫生室；另一方面是和附近的医院签协议，一旦有老人生病，会直接联系家属或者将老人送到医院。但是调研小组在调研过程中发现，一些养老机构内部的医疗卫生室没有专业的医护人员值班，实际效果令人担忧。此外，受到养老机构现实情况中专业护理人力不足、资金短缺以及老年人是疾病多发人群等特性的影响，护理质量难以保证，从而引发运营风险。

(三)农村互助幸福院

1. 发展状况

(1)政策助推肥乡模式，互助养老势可燎原

农村互助幸福院一方面成本低，实实在在地解决了农村老年人，特别是

子女外出务工家庭的留守老年人的养老问题；另一方面解决了这些家庭在外务工子女的后顾之忧，解放了农村剩余劳动力。自河北省邯郸市肥乡县开创性地走出了一条具有乡村特色的农村养老新路子——创办农村互助幸福院后，上级政府高度重视，给予政策和资金支持。调研小组走访大名县万北村幸福苑了解到，村支书在了解到很多老人不愿意离开故土跟随子女前往大城市等现状后，下定决心创办了万北村幸福苑，创办的目的主要是为老人提供一个住所，让老人在自己喜欢的环境中生活，发挥"帮扶"功能。事实证明，这一模式在一定程度上发挥了其应有的作用。大名县高度重视完成市政府下达的农村互助幸福院建设任务，截至 2016 年年底已累计建成农村互助幸福院 580 个，逐渐形成以五保供养、互助养老为主的农村养老服务网络。

（2）提升精神生活质量，养老满意度增强

农村老年人日常休闲娱乐方式比较单调，主要为看电视、聊天。在入住互助幸福院后，休闲方式种类增多，打麻将、玩扑克、跳广场舞等群体性娱乐活动得以开展。互助养老模式让老人们互帮互助，调研小组在走访过程中发现有些识字的老人会读报纸给不识字的老人听，身体好的老人带领其他老人一起锻炼。老人在互帮互助的过程中有机会利用自己的知识、体能等优势发挥主观能动性，实现自我价值。生活在互助幸福院中的老人精神状态得到较明显改善，老人养老满意度较高。

2. 存在的问题

（1）法律保障缺位，引发责任风险

推广农村互助幸福院要把握 3 项原则：一是坚持"村级主办，互助服务，群众参与，政府支持"的原则。二是坚持"因地制宜，因陋就简，量力而行，尽力而为"的原则。三是坚持自治、自愿、自保、自助原则。[①] 其中，最主要的一点是互助服务，这也是互助幸福院成本低、易推广的主要原因之一。互助服务是指在日常生活和管理中，老人们自我管理，并互相帮助。但是，目前对这一模式的运行缺乏相应的法规政策保障，加上入住老人属于年高体弱者及疾病高发人群，若在互助过程中发生意外，很难划分权责关系，界定风

---

① 资料来源于 2013 年 4 月 16 日河北省民政厅朱云鹏在全国部分省市农村养老服务工作座谈会上的发言提纲。

险承担，这也会在无形中阻碍互助养老模式的推广。

(2)养老需求阶段差异大，互助养老功能受限

调研小组在走访过程中发现入住互助幸福院的老人基本上都处于生活能自理阶段，也存在少数完全不能自理但有老伴在身边照顾的老人。互助幸福院中没有护理人员，就老人的养老需求满足而言，处于不同阶段的老人对养老需求满足的优先顺序也有差异，老人对生活照料及护理的需求在一定程度上要优先于精神的需求。互助幸福院由于缺乏人力、资金、设施等条件，难以对失能老人进行照料，一些失能老人不得不前往具有接受能力的机构养老或者回归家庭。由于我国接纳失能老人的机构较少且费用高，大部分农村老人选择家庭养老，但家庭养老责任逐渐弱化，老人的养老问题仍得不到有效解决。可见，互助养老模式在失能老人照料方面功能发挥受到限制。

(3)资金来源渠道单一，资源浪费现象严重

大名县主要靠自助互助、集资和政府支持实行互助养老。大名县万北村幸福苑的水电费、家具购置费等费用目前都需要入住老人自理，调研小组通过访谈了解到原来有经费支持时，每年的水电费要达到将近两万元，现在自费，只需要几千元。

三、大名县的医疗卫生服务

(一)医疗服务

截至 2017 年，大名县医疗机构的基本情况是 6 个县直属医疗单位，分别是大名县疾病预防控制中心(以下简称大名县疾控中心)、大名县人民医院、大名县中医院、卫生监督所、新型农村合作医疗管理中心和妇幼保健站；20个乡镇卫生院、7 所托幼机构、6 所民营医院、858 个村级卫生所和 22 个接种门诊。

1. 发展状况

(1)加强医院文化建设，服务理念深入人心

调研小组访谈了解到，大名县人民医院秉承着"为民服务、超越竞争、建和谐医院"的理念，要求每位医护人员认真严谨工作，认真对待每一位病人。2017 年，大名县人民医院发展的思路是创新机制、严格管理、坚定信心、突

出重点、突破难点、打造亮点、破解瓶颈、统筹安排、稳步推进。大名县人民医院十分注重通过建设医院文化宣传服务理念。

（2）开展特色服务，提供优质医疗服务

为了贯彻落实邯郸市卫计局提出的在卫生系统开展医德、医风、医术大讨论、大转变、大提升的指示精神以及全面开展优质护理服务，大名县人民医院更新观念，转变作风，开展了特色服务，实现了服务上的突破。主要体现在 5 个方面：一是在新生儿科和重症监护病房实行了无陪护，并让这两个科室的医护人员分别在北京儿童医院、河北省儿童医院等医院分批进行了培训；二是对照二甲医院标准开展健康教育、健康咨询等多种形式的公益性社会活动，在糖尿病日和"三八"妇女节进行公益性大型义诊活动，大名县电视台健康频道每天有大名县人民医院举办的专栏，向群众宣传健康保健、治病防病知识，深受群众好评；三是在"两学一做"活动中，许院长针对学生安全意识和自救能力差的实际问题，提出了"走进校园、选出骨干、手把手教师生自救技能"，如心肺复苏、溺水自救与互救等，提高了师生的安全意识和自救能力，受到了社会上的好评；四是对出院病人进行出院随访，并做出具体的出院指导，使病人感到虽然出院了但是医护人员仍然关心着他、想着他；五是在窗口科室为病人准备了眼镜、笔、针、线、扣子等，并在一楼大厅设立了导医咨询台，随时引导患者按序正确就诊，并为病人提供了轮椅、平台、开水和一次性水杯，大大方便了就诊患者，达到了由文明服务向感动服务提升的目的。

此外，大名县医疗保险覆盖率提高。截至 2017 年 6 月底，大名县城镇职工医疗保险覆盖人数达到 21496 人，征缴基金约 1010 万元，支出约 808 万元。城乡居民医疗保险覆盖人数为 780179 人，征缴基金约 11245 万元，累计补偿金额约 4171.3 万元（含大病保险补偿 239.4 万元）。①

（3）积极引进专家，实施专科与名院对接

大名县人民医院设有采血、标本处理、临床血液检验等 9 个专业组，并拥有一大批先进的设备。几年来先后和北京安贞医院、北京天坛医院、北京同仁医院、北京大学第一医院、北京积水潭医院、北京儿童医院、上海长征

---

① 资料来源于大名县人社局 2017 年上半年工作总结。

医院、河北医科大学第二医院、河北医科大学第三医院、河北医科大学第四医院、河北省儿童医院、邯郸市中心医院、邯郸市第一医院等医院进行了技术合作，提出了专科对名院的对接方式。为了提高医疗能力，大名县人民医院先后与中国人民解放军军事医学科学院、河北医科大学第二医院、中南大学湘雅医院、复旦大学中山医院、邯郸市中心医院等进行技术协作和交流，按照 ISO 15189《医学实验室　质量和能力的专用要求》标准制定了检验文件，并以此文件为准则开展各项工作。

（4）立足全县医疗发展，开展对口支援

大名县人民医院将对口支援基层医疗机构工作纳入医院年度工作计划，该项目有实施方案，有专人负责。每科负责 1 个乡镇卫生院，并免费为乡镇卫生院提供进修场所，培养人才。大名县人民医院选派专业人员开展"每天一村，两年内走遍 651 个行政村，送医送药到乡、村"的活动，并对离县城较远的卫生院进行全面帮扶。大名县人民医院每天安排骨干力量到乡镇卫生院坐诊、查房、解决疑难问题，帮助基层医疗机构提升服务能力，提高诊疗水平。大名县人民医院为提升全县医疗卫生事业的发展做出了贡献。

2. 存在的问题

（1）编制不足

大名县人民医院的关院长提道，医院面临的重要问题之一就是编制太少。随着社会的飞速发展和医疗卫生水平的提高，医院对医护人员的需求越来越大，但是大名县人民医院的编制数量并没有随之增加，日益增加的医护人员需求与编制数量不足之间的矛盾越来越突出，有很多人员不在编制内。

（2）技术人才紧缺

调研小组了解到大名县人民医院的目标是打造冀、鲁、豫 3 省结合部中心医院。这一目标的实现离不开高端科技人才的加入和全体医护人员的共同努力。但由于县级医院各方面的吸引力较小，很多专业人才不愿意来到县级医院发展。

一方面，医学高层次人才和专业特色人才不足。县级医院受到传统思维的影响，对市场化的大环境认识不够深入，缺乏竞争意识。现有的医务人员创新热情不高，而随着医疗改革的深入推进，员工对自己的职业前景感到迷茫，从而主观方面学习被动、工作停滞不前。

另一方面,人才流失严重。县级医院主要通过校园招聘和社会招聘的方式引进人才,但是缺乏相关约束政策,人才为寻求更广阔的发展空间较容易考到市级医院。由此,县级医院很容易成为上级医院医师培养的摇篮以及专业技术人员的跳板。

(二)卫生服务

截至 2017 年,大名县共有 22 个接种门诊,其中有 20 个乡镇卫生院,1 个县疾病预防控制中心和 1 个妇幼保健站。其主要职能是负责常规疫苗的接种。疾控中心主要发挥督导作用,频次为每个季度至少 1 次,1 年至少 4 次。

1. 发展状况

(1)完善居民健康档案

截至 2017 年 6 月底,大名县共建立居民电子健康档案 698710 份,电子建档率为 88.82%,健康档案使用率为 47.45%;老年人健康管理 37061 人,健康管理率为 42.19%;其他各项目均已达到上级要求。

(2)促进健康教育

自 2009 年以来,大名县依托基本公共卫生服务项目,由大名县疾控中心抽调业务骨干深入乡村开展健康知识讲座咨询活动,每年分为 4 个季度下乡宣讲,保证每个乡镇每个季度不少于 2 个村。2016 年,大名县接受健康教育 15000 余人,发放健康教育宣传单 20000 余份、健康教育读本 30000 余份。利用各卫生宣传日,如 3 月 24 日世界防治结核病日、4 月 25 日全国疟疾日、5 月 15 日全国碘缺乏病日、5 月 17 日世界高血压日、5 月 31 日世界无烟日、7 月 28 日世界肝炎日、9 月 20 日全国爱牙日、10 月 8 日全国高血压日、10 月 10 日世界精神卫生日、11 月 14 日联合国糖尿病日、12 月 1 日世界艾滋病日进行宣传活动,开展多形式、多渠道、多层次的宣传。通过宣传,提高了广大群众的自我保健意识。

(3)建设标准化接种门诊

2016 年,大名县按照"六统一"原则及《邯郸市示范化预防接种门诊建设标准》,县卫计局安排 5 个试点乡镇,组织乡卫生院有关人员赴石家庄市参观学习。金滩镇、万堤镇、西付集乡接种门诊已建成功能分区明确、相对独立的工作区域,符合卫生学及无障碍设计要求,用房面积均达到 120 平方米以上。

标准接种门诊的建设，优化了工作流程，提高了工作效率和服务能力。

（4）开展疾病预防的实战实练

2016 年 4 月，大名县举办了疾控系统自然灾害卫生应急和突发急性传染病防控实战拉练。历时 2 天的拉练，检验了大名县疾控中心应对自然灾害和突发事件时在人员、物资、装备、器材和业务技术等方面的应急反应能力，增强了应急队员的应急意识，提高了其应急处置的业务技能，也为今后的应急处置工作打下了坚实的基础。2016 年 6 月，大名县组织举办了首届"万步有约"职业人群健走激励大奖赛，倡导全民健康生活方式。大名县部分机关单位踊跃报名参加首届"万步有约"职业人群健走激励大奖赛，让广大干部职工在健走中收获健康与欢乐。

（5）开展地方病和慢性病防制防控工作

2016 年，大名县疾控中心主要通过食用盐监测、地方性氟中毒监测以及进行布病筛查和防治干预工作 3 个方面开展地方病防制工作。一是食用盐监测。大名县疾控中心共检测库盐 9 份，全部合格；检测非高碘地区户盐 300 份，合格率为 100％；检测高碘地区户盐 300 份，非碘盐食用率为 95％。二是地方性氟中毒监测。通过这项工作对 3 个改水村开展儿童氟斑牙的病情监测。三是布病筛查和防治干预工作。大名县疾控中心共筛查重点人群 50 人，其中黄金堤 30 人，万堤 20 人，结果均是阴性。

大名县针对慢性病的防控开展了死因监测工作、肿瘤登记工作、心脑血管实践报告工作及职业卫生工作，并进行了健康支持性环境建设，已完成万堤镇后屯村、廉山庄村和铺上乡西李二庄村、常马庄村 4 个健康社区以及西付集乡郭马陵村、中户村 2 个健康小屋建设工作，于 2016 年 11 月顺利通过上级的验收。

（6）加强医疗卫生服务普及工作

调研小组访谈了大名县疾控中心相关部门负责人，了解到大名县在 2016 年开展了"中国儿童与乳母营养健康监测"国家重大公共卫生项目。此项目通过监测可以更好地了解儿童及乳母的营养健康状况，为政府制定相关政策提供依据。2016 年 9 月，国家心血管病中心将心血管病高危人群早期筛查与综合干预项目落户到大名县，开展这一项目，旨在将防控工作精准聚焦于从人群中检出的心血管病高危对象，不仅取得"不得病""少得病""无重病"的防控效果，而且使防控工作更加有的放矢，减少"粗放式"防控模式所造成的无谓浪费，大大节约防控成本，以"最少花费，取得最佳防控效果"。2016 年 10 月，刘主任带领大名县疾控中心一行人参加国家心血管病中心在石家庄举行的心血管病高危人群早期筛查与综合干预项目培训班。2016 年 12 月，在国家心血管病中心专家的指导下，大名县疾控中心工作人员到西付集乡卫生院、龙王庙中心卫生院、大街镇卫生院、万堤中心卫生院和金滩中心卫生院开展基层医疗服务能力现场调查工作。这次调查为政府制定基层医疗卫生政策提供了数据支持，进而促进了大名县基层医疗卫生服务体系的发展。

2. 卫生服务亮点

(1)提高老年人健康体检率

在 2016 年试点运行体检车的基础上，2017 年大名县在各乡镇卫生院全面运行体检车，对行动不便的老年人开展了上门服务。体检车的全面运行不仅提高了老年人健康体检率和基本公共卫生服务项目的宣传影响力，而且提升了老年人群对基本公共卫生服务工作的认可度。

(2)改革考核制度

基本公共卫生服务考核由以往年考核 4 次改为年考核 2 次，即半年和一年各考核一次，第一季度和第三季度考核不再由卫计局统一组织，而由各项目指导单位安排相关人员自行开展，着重以督导、指导和整改为主，这样既减少了人力和物力的消耗，又能及时发现问题、解决问题，并进行现场指导，给各项目承担机构充分的整改时间，来更好地完成基本公共卫生服务项目各项工作。

3. 存在的问题

(1)健康意识有待提高

调研小组在大名县疾控中心了解到，当地每年会组织 1 次免费体检活动，但是前来参加体检活动的人数较少，且以老年人居多。一方面，老百姓健康意识较差，忽视疾病的预防，存在"重治轻防"思想。其中，在年轻人群体中开展体检活动难度大，他们普遍认为自己身体十分健康，不愿意进行体检，甚至有抗拒情绪。另一方面，由于免费体检活动参与率较低，乡村医生需要入户做工作，工作量加大，工作难度增强。入户体检经费来自基本公共卫生项目的资金。

（2）专业健康教育人才缺乏

健康教育活动在提醒人们注重身心健康的同时，也帮助患者更加了解所患疾病的有关知识，有助于患者用平常心面对疾病，提高治疗信心，积极主动地选取切实可行的方法进行治疗，有利于身体的康复。但是，调研小组还了解到，一方面，当地深入基层开展健康教育的工作人员所接受的培训较少，专业化程度不够，在宣传过程中对一些专业性的问题，难以为老百姓提供帮助和指导。另一方面，大名县进行宣传教育所需要的材料都是由上级统一印发的，主要是宣传小册子和书籍，内容专业化程度较高，加上经费不足，当地无法印发更符合当地实际需要的材料，健康教育缺乏通俗易懂的宣传材料。

（3）健康宣传有待深入

调研小组访谈了大名县疾控中心的相关负责人，就宣传教育这一方面进行了深入的了解。调研小组了解到，现在国内和国际上的健康宣传日十分多，大名县疾控中心也在努力利用好每一次宣传教育机会，但在落实过程中存在一些形式化的行为，如只有宣传口号和宣传条幅，并没有深入人民群众中进行宣传。同时，也未能较好地利用互联网、电视等方式调动当地群众的积极性，未能带动当地群众自觉接受健康教育。形式上的宣传不能让当地群众广泛了解医学常识，也就无法达到预防和控制疾病形成与发展的目的。因此，健康宣传实际落实情况有待改善。

四、发展大名县养老服务与医疗卫生服务的建议

（一）有效整合养老资源，构建和谐养老文化

随着社会经济的发展和人们生活水平的提高，老年人的需求逐渐呈现多元化、多层次的特点。一方面，各地在提供养老服务时要兼顾老年人物质需求和精神需求。面对当前大部分农村地区无法满足老年人尊重需求、情感需求诸多需求等的现实情况，需要充分发挥各种养老模式的作用，有效整合各种养老服务资源。比如，在某程度上，家庭养老功能虽在弱化，但能提供机构养老所缺乏的精神慰藉，因此，需要实行家庭资助，弘扬中华民族优秀传统孝文化来强化农村家庭养老功能。另一方面，养老服务的完善并非一朝一夕就可以完成的，在整合当下养老资源的同时，也应针对"80后""90后""00

后"将来更多样的养老需求做好充分准备，增强社会化养老服务功能。

（二）挖掘运河文化潜在价值，助力公共服务建设

位于大运河沿岸的大名县应立足于其自身独特的运河文化，在加大公共文化服务体系建设力度、打造"文旅名县"的同时，推动运河精神与基本公共服务建设相融合。其一，为大名草编、佛汉拳、二郎拳、大平调等非物质文化遗产注入活力，做好"三馆一站"免费开放工作，继续开展送戏下乡、彩色周末等文化活动，组织开展全民健身等各类群众体育活动，加强体育社会指导员培训，打响"全国武术之乡"品牌，并鼓励社会力量积极参与到养老服务事业中，丰富老年人精神生活，真正实现运河文化与大名县养老服务相对接。其二，积极完善公共服务建设，加快与文旅产业发展相适应的配套医疗设施建设，完善县、乡、村三级卫生服务网络，全力打造区域性医疗中心。探索搭建药品采购平台，合理调整医疗服务价格，完善分级诊疗、合理诊疗制度，切实解决群众"看病难、看病贵"问题。其三，大名县运河文化历史悠久，底蕴丰厚，应该在深入挖掘运河文化潜在价值的同时，重视运河精神和养老服务与医疗卫生服务融合发展，推动和谐大名县的建设与发展。

（三）加大上级财政支持力度，提升公共服务水平

影响大名县公共服务水平提高的一大因素是上级财政投入力度不够。总体而言，我国公共财政支出中社会性支出所占比重偏低，真正体现公共产品和公共服务性质的财政支出安排明显不足，远远不能满足公共事业发展的需要。近年来，我国行政管理经费的扩张挤占了一部分公共支出，削弱了政府提供公共产品和公共服务的能力。大名县应该优化公共财政支出结构，减少政府社会消费支出，增加基本公共服务支出，逐渐提高基本公共支出占财政支出的比重，把稀缺的公共财政资源优先用于提供医疗卫生与养老服务方面，发展大名县养老机构，提高大名县养老服务基础设施建设水平，减轻养老机构以及当地政府财政压力，发挥政府公共服务支出的宏观经济乘数效应，提高大名县养老服务与医疗卫生服务水平。

(四)完善土地划拨制度，扩大养老机构规模

相关部门为了实现经济发展目标，比较重视土地使用的经济效益而忽视了它所能带来的社会效益。大名县的养老机构，尤其是民办养老机构的发展存在缺乏扩建土地的问题。对此政府应完善土地划拨制度，对于那些将土地用于建设养老机构的使用者进行适当补贴，并积极为民办养老机构寻找合适的土地，从而降低民办养老机构的扩建成本，增强社会力量介入养老产业的积极性，满足养老机构扩张规模的需要，提高大名县养老服务水平，适应当今大名县人口老龄化的需要。

(五)健全人才引进机制，完善人员编制制度

完善相关政策，吸引优秀人才流入大名县养老服务与医疗卫生服务相关机构。大名县养老机构面临着缺乏管理服务人员的问题。应通过实施就业培训和创业辅导，完善养老就业服务体系，发挥各类人才的创业积极性，培养专业的养老管理服务人员，为大名县养老服务业的发展注入新的动力。

大名县大部分医院面临着编制不足的问题，全国很多二级和三级医院人员规模逐年发展，但总体发展不足，大部分医院存在编制不足现象。大名县应经过调研分析，查阅相关数据资料，制定医院编制人员规模的合理比例。大名县各医院缺乏相关专业技术人才，大名县疾控中心缺乏健康宣传教育人员。应结合大名县发展的实际情况和需求，制定科学、合理的绩效评定政策。制定优惠政策鼓励大学生就业，为他们提供免费职业规划，鼓励优秀人才回到家乡工作。完善管理服务体制，发掘人才工作的内生动力，让制度化、常态化、法制化的运行机制推动工作，改善重数量、轻质量的引进机制。建立分类合理、梯次分明的人才发展考核指标体系，改革户籍、档案、社会保障等制度，推动大名县养老服务与医疗卫生服务水平的提高。

(六)创新发展模式，推动医养融合发展

长期以来，我国养老和医疗体系分离，导致养老机构和医疗机构类型单一，而医养结合可以有效解决老年人养老和就医问题，是一举双赢的养老模式。将医疗资源与养老资源相结合，可以破解"养老院医不了病、医院养不了

老"的难题。大名县老年人口数量多，且面临着老年人口数量不断增长的严峻形势。老年人对健康服务的需求明显高于普通人群的现实需要。目前，大名县不仅老年病医院、护理医院、康复医院数量有限，而且一些综合医院、专业医疗机构里与老年病相关的科室数量也很有限，在这种情况下，推动大名县医养结合十分重要。在"医"方面，应健全养老机构健康管理、突发疾病时的应急处置、后续医疗护理等方面的功能；在"养"方面，应完善对慢性病病人，失智失能老人等特殊人群的长期照护机制。应将医养结合看作一种在分清老年人服务需求基础上进行无缝转接的资源配置机制，而不是简单的"医院"或是不加选择的医养康护功能的整合。医养结合不但可以实现部分养老机构闲置资源的再利用，而且使养老机构具备医院功能，更为重要的是降低了社会化养老成本，使老人能够得到更专业、人性化的服务。医院还可以通过延伸和扩大医疗服务内涵，使更多老人享受医疗、护理、养老、康复等一体化服务。

(七)推行公私合作伙伴关系，吸引社会力量积极参与

在国家重视建立社会养老服务体系的大背景下，实现养老服务多元供给、鼓励社会资本进入成为当前完善养老服务体系的重要方式。大名县要深化养老服务机制改革，尤其是"去行政化"改革。以政府和社会企业合作的模式提供养老服务是破解中国养老服务问题的新路径。在吸引社会资本来提升养老资源配置效率的同时，也要注重发挥政府在维护社会公平正义和民主等方面的作用。大名县政府要加快发展社区居家养老，加强养老机构的建设，放开养老服务市场，在运作模式上搭建利益多方的跨界合作平台，激发社会企业的活力。此外，大名县政府可以与各高校取得联系，组建志愿者队伍，定期进行志愿活动。要加快养老机构社会化的改革，推动经常性捐助网络，推动经常性社会捐助点建设，鼓励社会各界参与慈善事业和志愿活动，从而为养老服务水平的提升提供支持。

附

大名县建设省级慢性非传染性疾病综合防控示范区填补全市空白

大名县疾控中心为做好慢性病防控工作，促进建成省级慢性病防控示范

区，克服资金短缺、技术人员不足和群众整体文化水平低等种种困难，统筹安排，多方协调，投入专项经费实施了全民健康教育工程和慢性病防控示范区建设，重点开展了以下工作：在社区设立健康宣传栏，将五鹿城公园打造成大名县健康主题公园；普及健康干预工作；发放了1万余套控盐勺、控油壶等健康生活方式工具；推广健康生活方式，组建健康教育巡讲团，进社区、工厂宣传健康生活方式知识；依托大名县电视台开设健康专栏；扩大健康自助管理；规范管理222个健康自我管理组织，建设13个健康自助监测点，方便居民自助健康检测。由于以上工作的扎实开展，大名县于2015年11月顺利通过省级慢性非传染性疾病综合防控示范区评估验收。这填补了全市"省级慢性非传染性疾病综合防控示范区"空白，为大名县争得了荣誉。

　　　　资料来源：大名县疾控中心2016年工作总结。收录本书时有改动。

第八章 推进大运河河北段养老服务发展的建议

通过 2017 年 6 月对大运河文化带 5 县 1 市 1 区养老服务的实地调研，调研小组了解了大运河在河北流经区域的历史与现实。当地曾经利用运河开埠通商，人员来往频繁，形成了当地特有的文化。在京津冀协同发展的大背景下，在习近平总书记对大运河文化带建设做出重要批示的背景下，为推进京津冀养老服务协同发展，特提出大运河文化带养老服务发展的 6 条建议。

一、观念：树立大的养老产业观念

（一）整合土地、人才、资金等各种资源建立大养老产业观念

历史上的辉煌，推动了大运河文化带的经济发展，但在调查过程中，调研小组发现养老服务滞后于社会经济发展，大运河文化带亟待建立现代大养老产业观念，整合土地、人才、资金等各种资源，推动养老服务在促进社会经济发展中的作用。

（二）推动养老服务产业融合

养老产业涉及多个领域、多个行业，养老服务要实现养老地产、养老旅游、养老金融、养老保健等多领域的结合。为此，土地部门、旅游部门、金融部门、医疗卫生部门等需

要协调养老服务问题，以做好养老服务产业规划、各部门协调工作等。

二、导向：建立老年人需求导向大数据库

(一)老年人需求调研

2013 年之前，各地在实践中对养老服务发展坚持供给导向；2013 年以后，养老服务实践中需求导向逐渐明晰。老年人的需求多种多样，鉴于不同地区老年人、不同经济条件的老年人需求各不相同，建议对老年人需求进行普遍调查，并利用大数据对老年人需求进行汇总。

(二)根据老年人需求保障供给

在建立老年人需求大数据后，根据老年人需求的不同情况，确定养老机构位置和数目、社区居家养老服务中心提供的养老服务项目等，提高机构养老和社区居家养老服务中心利用效率。此外，老年人的需求也会给大运河文化带带来新的经济增长点，推动相关养老产业的兴起与发展，如香河县养老服务的发展推动了当地家具产业的发展。

三、重点：完善社区居家养老服务

(一)落实社区居家养老优惠政策

在调研的过程中，调研小组得知许多农村居民持有传统养老观念，不愿意离开自己熟悉的环境，愿意在家里或者社区养老。鉴于此，大运河文化带要重点发展社区居家养老模式，以满足老年人对养老的需求。考虑到大运河文化带周边多乡镇的情况，应根据老年人实际需要在城市社区和大部分农村乡镇建设综合性社区居家养老服务中心、居家养老服务站等，大力推动专业化老年医疗卫生、康复护理、文体娱乐、信息咨询、老年教育等服务项目的开展，建立和完善社区居家养老服务网络，为老年人提供就近方便的多种服务。为此，应积极贯彻落实国家现行关于社区居家养老服务的税收优惠政策，对养老机构用地、用水等方面提供切实优惠，鼓励利用社会闲散资金从事社区居家养老服务，与国家公办社区居家养老服务中心形成互补局面。

（二）研究制订社区居家养老发展规划

大运河文化带河北段应结合沿岸各地的基本情况，科学地研究制订当地发展社区居家养老服务规划，并把它纳入地方政府政绩考核范围，推动社区居家养老服务健康发展。地方政府应逐步加大财政投入力度，合理配置资源，统筹考虑社区居家养老服务设施建设、队伍建设和运营管理等问题，对于有条件的地区可有针对性地设立专项资金，开设资助项目，探索适应当地特点的社区居家养老服务模式。

四、模式：实现医养结合

（一）协同京津冀发展战略，突破医养发展瓶颈

实现京津冀异地养老，关键是要打破就医、养老保障、医疗保险等方面的行政制度壁垒。这个问题不是医疗保障一个部门可以解决的，各相关部门必须联合起来，共同参与。因此，要真正实现京津冀3地基本医疗保险协同发展，需要统筹协调京津冀3地的利益关系，营造协同氛围，建立一个全国层面异地就医管理框架和协同发展机制，给京津冀3地协同发展提供明确方向和标准。通过3地共同努力，打造京津冀地区医疗保险一体化管理模式，为京津冀地区居民创造更多便捷。

（二）创新发展模式，推动医养协同发展

保健、医疗、护理是老年人的直接需求，应充分发挥医疗机构在药品、医疗器械、护理等方面的专业优势，促进医疗卫生资源进入养老领域，促进医养结合。还应充分发挥保险机构在资金、养老、健康管理方面的专业优势，鼓励保险机构整合医疗和养老资源，积极探索医养结合的有效模式。此外，要制定相关优惠政策，把民间资本等社会力量引入养老、医疗领域，推动养老服务产业健康发展。

推动医养结合发展，探索医疗机构与养老机构合作新模式，政府应该鼓励一级、二级医院和社区卫生服务中心发挥专业技术优势，它们可以转型为中心敬老院，直接提供养老照料和医疗护理服务，开通预约就诊绿色通道。

医疗卫生机构要积极为入住养老机构的老年人提供医疗巡诊、健康管理、保健咨询、预约就诊、急诊急救、中医养生保健等服务，确保入住老年人能够得到及时有效的医疗救治。拓宽医养结合服务的供给渠道，如敬老院可以通过服务外包、委托经营管理的方式吸收医院来运营管理，从而提升双方的专业优势。

政府应在结合当地实际情况的基础上，科学制定养老服务体系总体建设规划，进一步完善和落实各项优惠政策，建立医养结合型养老模式发展基金，鼓励和引导银行增加对医养结合型养老机构建设项目的信贷支持，推动税收优惠政策进一步细化，从而吸引更多的社会力量参与医养结合型养老模式建构。

五、机制：推动政府购买养老服务并加强绩效考核

(一)开展政府购买居家养老服务

以沧州市运河区为例，为化解居家养老服务难题，2016 年，运河区在全市率先实施《运河区居家养老服务暂行办法》，符合规定的 5 类老人每月享有100～200 元的政府购买居家养老服务补助。运河区政府通过招投标确立社会承接力量。2016 年 5 月运河区居家养老服务平台正式投入使用，服务内容涉及生活照料服务、家政服务、精神慰藉服务、康复保健服务、紧急救助服务和其他服务六大板块。沧州市运河区绿色家园居家养老服务中心运用互联网技术建立起翔实的"老年信息数据库"，建立起信息化、智能化呼叫服务系统，实现全方位、信息化、综合性居家养老服务，可以实现全区老年人紧急呼救服务、全天 24 小时综合性居家养老服务、为居家养老服务卡定期充值、对养老服务质量的绩效追踪、保障养老服务质量等。政府购买居家养老服务，推进居家养老服务平台建设，对惠及民生、打造智慧社区具有重大作用。

(二)构筑养老服务绩效考核系统

发展养老服务要加快形成养老机构服务绩效考核体系，通过积极开展第三方评估，鼓励将评估结果与政府购买服务、发放建设运营补贴等挂钩；开展执法规范化试点工作，落实养老机构综合评估和报告制度，推进事中事后

监管；推进养老服务领域的社会组织建设，加强行业自律监管；联合有关部门持续开展养老机构消防安全专项整治行动，加大消防改造投入力度，保障老年人生命安全。

着力提高养老机构生命安全指数。一是为确保养老机构设施、食品安全，各养老机构要严格执行消防、食品、医疗服务等方面的安全管理规定，加强养老与消防设施配备，加强养老机构等集中用餐单位食品安全管理，确保食品、食品添加剂等相关产品来源可靠，加强医养结合服务安全。此外，还要进一步完善养老服务风险分担机制。二是为加强养老机构日常服务监管，要依法查处养老院违法违规行为，建立退出机制，加强部门协调，通过监管信息共享形成监管合力，加强养老机构检查考核，建立覆盖养老机构、从业人员和服务对象的行业信用体系，并探索建立养老服务行业黑名单制度。

参考资料

1. 蔡立辉. 医疗卫生服务的整合机制研究[J]. 中山大学学报（社会科学版），2010，50(1).

2. 沧县地方志编纂委员会. 沧县志［M］. 北京：线装书局，2011.

3. 沧县地方志编纂委员会. 沧县志［M］. 北京：中国和平出版社，1995.

4. 沧州市运河区志编纂委员会. 沧州市运河区志1990—2010［M］. 北京：线装书局，2016.

5.《沧州市志》编纂委员会. 沧州市志（第一卷）［M］. 北京：方志出版社，2006.

6. 陈东升，吴天，王骞，等. 某省基层医疗卫生机构运行发展现状及问题研究[J]. 卫生经济研究，2015(5).

7. 陈晓娜. 人口老龄化背景下，农村养老机构入村研究——以河北省大名县为例[J]. 河北企业，2017(2).

8. 陈友华. 居家养老及其相关的几个问题[J]. 人口学刊，2012(4).

9. 程义玲，陈迎春. 临床路径在单病种付费方式中的应用研究[J]. 医学与社会，2012，25(3).

10. 仇雨临，王昭茜. 全民医保与健康中国：基础、纽带和导向[J]. 西北大学学报(哲学社会科学版)，2018，48(3).

11. 大名县县志编纂委员会. 大名县志[M]. 北京：新华出版社，1994.

12. 丁建定，曹永红．共享发展理念视域下中国农村养老保障制度体系的完善——基于"社会保险制度三体系"的分析框架[J]．学海，2017(6)．

13. 董红亚．我国社会养老服务体系的解析和重构[J]．社会科学，2012(3)．

14. 董红亚．养老服务视角下医养结合内涵与发展路径[J]．中州学刊，2018(1)．

15. 董红亚．中国政府养老服务发展历程及经验启示[J]．人口与发展，2010，16(5)．

16. 董红亚．着力推进供给侧改革 全面提升养老服务质量[N]．中国社会报，2017-01-19(4)．

17. 付志方．江山如此多娇：自然河北[M]．石家庄：河北美术出版社，2014．

18. 高健，杨乃坤．论中国特色社会养老服务共同体的现实构建[J]．沈阳工业大学学报(社会科学版)，2017，10(6)．

19. 耿磊，耿战秋，杨洪玲，等．加强全民健康教育的探讨[J]．中国健康教育，2003，19(2)．

20. 郭丹阳．中国农村互助养老模式可行性研究[D]．福州：福建师范大学，2013．

21. 郭俊英．新型农村社会养老保险制度实施过程中存在的问题与对策研究——以清河县为例[D]．秦皇岛：燕山大学，2012．

22. 韩凤，孟伟．医疗保险费用结算管理的探索与思考[J]．中国医疗保险，2009(6)．

23. 韩凤．聚焦公立医院改革[J]．中国医疗保险，2010(9)．

24. 郝少君，管治江，李军．抗菌药物临床应用与管理[M]．北京：人民军医出版社，2011．

25. 何平，仇雨临，毛正中．中国社会保障论坛暨中欧社会保障高层圆桌会议专题报道(之三)[N]．中国劳动保障报，2006-09-29(3)．

26. 河北省泊头市地方志编纂委员会．泊头市志[M]．北京：中国对外翻译出版公司，2000．

27. 河北省清河县地方志编纂委员会．清河县志[M]．北京：中国城市出版社，1993．

28. 贺寨平，武继龙．农村社区互助养老的可行性分析与问题研究——基于大同市水泊寺乡 X、D 两村的实地调查[J].天津师范大学学报(社会科学版),2017(6).

29. 胡万进,丁森.科学配置医疗资源 提升卫生服务能力[J].中国医院管理,2012,32(1).

30. 黄闯.民办养老服务机构运行:自我发展与支持体系[J].重庆社会科学,2016(2).

31. 黄佳豪,孟昉."医养结合"养老模式的必要性、困境与对策[J].中国卫生政策研究,2014,7(6).

32. 纪春艳.新型城镇化视角下农村互助养老模式的发展困境及优化策略[J].农村经济,2018(1).

33. 康蕊,吕学静.政府购买服务视角下养老机构公办民营建设研究[J].广西社会科学,2016(2).

34. 李显文.对我国分级诊疗模式相关问题的思考[J].卫生经济研究,2015(3).

35. 李志明.中国养老服务"供给侧"改革思路——构建"立足社区、服务居家"的综合养老服务体系[J].学术研究,2016(7).

36. 连冬花.大运河文化创造性转化发展的路向考察[J].内蒙古农业大学学报(社会科学版),2015,17(6).

37. 梁思园,何莉,宋宿杭,等.我国医疗联合体发展和实践典型分析[J].中国卫生政策研究,2016,9(5).

38. 林娟娟,陈小嫦.构建医疗联合体的关键问题分析及其对策建议[J].南京医科大学学报(社会科学版),2014(2).

39. 刘墨非.疏解养老机构医疗服务之困[J].北京观察,2011(6).

40. 刘晓静,徐宏波.社区养老服务产业化发展路径研究——基于福利多元主义理论视角[J].河北师范大学学报(哲学社会科学版),2013,36(5).

41. 刘晓静,张继良.中国养老服务体系建设的理念、路径及对策[J].河北学刊,2013,33(2).

42. 刘晓静.论中国养老服务的政策取向——基于养老服务政策变迁的视角[J].河北学刊,2014,34(5).

43. 刘亚丽,周梦冉.农村"互助幸福院"可持续发展研究[J].合作经济与科技,2015(23).

44. 刘艳. 浅析农村留守老人互助养老新模式[J]. 现代经济信息，2016(20).

45. 吕键. 论深化医改进程中分级诊疗体系的完善[J]. 中国医院管理，2014，34(6).

46. 吕学静，康蕊. 京冀两地农村社区养老发展困境的实证研究[J]. 人口与经济，2016(1).

47. 马永林，车峰. 试述农村健康教育和健康促进的现状及建议[J]. 中国乡村医药，2008(S1).

48. 穆光宗. 家庭养老制度的传统与变革——基于东亚和东南亚地区的一项比较研究[M]. 北京：华龄出版社，2002.

49. 启昆，书华，安顺. 河北清河：探索公立医院产权制度改革之路[J]. 中国财政，2009(23).

50. 钱东福. 医疗服务纵向整合的利益相关者分析——以镇江市为例[J]. 中国卫生事业管理，2014，31(4).

51. 青连斌. 完善顶层设计 解决我国养老服务难题[J]. 中国党政干部论坛，2018(2).

52.《青县年鉴》编纂委员会：青县年鉴2016[M]. 北京：九州出版社，2018.

53. 佘瑞芳，谢宇，刘泽文，等. 我国医养结合服务发展现状分析与政策建议[J]. 中国医院管理，2016，36(7).

54. 申曙光，张勃. 分级诊疗、基层首诊与基层医疗卫生机构建设[J]. 学海，2016(2).

55. 王桂云. 多元化社会养老服务体系建设对策研究[J]. 中国人口·资源与环境，2015，25(12).

56. 王丽，王晓洁. 京津冀协同背景下公共医疗卫生支出绩效差异实证分析[J]. 中央财经大学学报，2015(4).

57. 王兴琳，蔡华，严卓然，等. 医联体——医疗资源整合下的区域组织实践[J]. 现代医院管理，2013，11(4).

58. 王延中，龙玉其. 中低收入群体医疗服务需求的特点、问题与对策——基于1642户中低收入家庭调查[J]. 中国卫生政策研究，2010(3).

59. 吴静. 基本医疗报销速度缓慢的成因与对策[J]. 中国城市经济，2011(8).

60. 吴桐. 地方政府高端人才引进政策的绩效评价研究[D]. 南京：东南大

学，2016.

61. 吴阳 . 京津冀一体化下基本医疗保险的协同发展研究[D]. 唐山：华北理工大学，2016.

62. 习近平 . 决胜全面建成小康社会 夺取新时代中国特色社会主义伟大胜利——在中国共产党第十九次全国代表大会上的报告[M]. 北京：人民出版社，2017.

63. 香河县地方志编纂委员会 . 香河县志[M]. 北京：中国对外翻译出版公司，2001.

64. 许士波，许金亭 . 全员人口服务——"河北清河模式"[J]. 人口与计划生育，2011(5).

65. 杨淑娥，孙宝庆 . 中国养老文化面临的现实问题与出路[J]. 河北学刊，2010，30(5).

66. 叶龙杰 . 民办养老机构发展需多方扶持[J]. 中国卫生，2017(5).

67. 于娜，蒋华林，余雪梅，等 . 乡镇卫生院经营管理问题探讨[J]. 医学与社会，2007，20(9).

68. 袁群，易霞，张银华，等 . 养老护理员工作压力研究现状与进展[J]. 中国护理管理，2015，15(1).

69. 张彩华 . 村庄互助养老幸福院模式研究：支持性社会结构的视角[D]. 北京：中国农业大学，2017.

70. 张健，李放 . 农村互助养老的成效及价值探讨——以河北省 F 县农村互助幸福院为例[J]. 社会福利(理论版)，2017(3).

71. 张晶晶，刘鹏程，祝闯 . 政府主导，带动多元养老服务主体参与[N]. 中国社会报，2015-12-18(1).

72. 张茅 . 县域医疗卫生改革发展的探索与实践[J]. 管理世界，2011(2).

73. 张萌 . 河北省清河县 20—49 岁农村居民健康相关知识、态度、行为调查研究[D]. 长春：吉林大学，2015.

74. 张晓杰 . 医养结合养老创新的逻辑、瓶颈与政策选择[J].2016，37(1).

75. 张一帆 . 基层医疗机构人才短缺问题分析[J]. 当代经济，2015(24).

76. 张中山 . 努力构建三级医养老年服务体系[N]. 邢台日报，2015-11-27(6).

77. 张宗光，孙梦露，高上雅，等 . 对医疗卫生和养老服务实行一体化资源配置模式的思考[J]. 中国卫生经济，2014，33(9).

78. 赵桂英. 加强衡水市农村互助养老建设的思考[J]. 劳动保障世界，2017(32).

79. 赵培培. 京津冀一体化背景下养老服务业协同发展研究[D]. 保定：河北大学，2015.

80. 赵维平. 明清小说与运河文化[M]. 上海：上海三联书店，2007.

81. 赵志强. 河北农村互助养老模式分析[J]. 合作经济与科技，2012(10).

82. 郑功成，商旸. 养老服务业需做大调整[N]. 人民日报，2015-11-20(13).

83. 郑功成. 中国医疗保障改革与发展战略——病有所医及其发展路径[J]. 东岳论丛，2010，31(10).

84. 郑功成. 抓住医改良机 大展医保宏图[J]. 群言，2009(6).

85. 钟慧澜，章晓懿. 激励相容与共同创业：养老服务中政府与社会企业合作供给模式研究[J]. 上海行政学院学报，2015，16(5).

86. 周蕙心. 河北省社会养老服务机构的发展困境与对策研究[J]. 北方经济，2016(8).

87. 周三多，陈传明，贾良定. 管理学——原理与方法[M]. 上海：复旦大学出版社，2014.

图书在版编目(CIP)数据

大运河河北段养老服务与医疗卫生服务研究 / 刘晓静编著.—北京：北京师范大学出版社，2021.8
（大运河历史文化丛书）
ISBN 978-7-303-27126-9

Ⅰ.①大… Ⅱ.①刘… Ⅲ.①养老－社会服务－研究 ②医疗卫生服务－研究 Ⅳ.①D669.6 ②R199.2

中国版本图书馆 CIP 数据核字(2021)第 146293 号

营 销 中 心 电 话 010-58802135 010-58802786
北师大出版社教师教育分社微信公众号 京师教师教育

DAYUNHE HEBEIDUAN YANGLAO FUWU YU
YILIAO WEISHENG FUWU YANJIU

出版发行：北京师范大学出版社 www.bnup.com
　　　　　北京市西城区新街口外大街 12－3 号
　　　　　邮政编码：100088
印　　刷：鸿博昊天科技有限公司
经　　销：全国新华书店
开　　本：730 mm×980 mm　1/16
印　　张：12.25
字　　数：191 千字
版　　次：2021 年 8 月第 1 版
印　　次：2021 年 8 月第 1 次印刷
定　　价：49.00 元

策划编辑：王剑虹　　　　责任编辑：尚俊侠　申立莹
美术编辑：焦　丽　　　　装帧设计：李向昕
责任校对：康　悦　　　　责任印制：马　洁